Postpopulisme

Du même auteur

La Quadrature des classes. Comment l'émergence de nouvelles classes sociales bouleverse les paysages politiques occidentaux, Le Bord de l'eau, 2018.

Europe, champ de bataille. De la guerre impossible à une paix improbable, Le Bord de l'eau, 2021.

Thibault Muzergues

Postpopulisme

Éditions de L'Observatoire

ISBN : 979-10-329-3006-9
Dépôt légal : 2024, février

170 *bis*, boulevard du Montparnasse, 75014 Paris

Introduction

On devrait toujours garder un œil sur la vie politique italienne : sans remonter jusqu'à l'Antiquité et aux cités-États du Moyen Âge, la Botte est depuis la fin du XIXe siècle un grand laboratoire à ciel ouvert où les tendances politiques à venir en Europe (et même au-delà) ont tout loisir de se développer. C'est bien en Italie que sont apparus le transformisme, le fascisme, mais aussi la démocratie chrétienne au cours du XXe siècle, trois courants qui, de singularités italiennes, sont devenus des lames de fond dans la politique européenne et internationale.

D'autres mouvements paneuropéens plus récents sont également nés en Italie, anticipant parfois de plusieurs décennies les développements plus larges qui ont suivi. L'entrepreneuriat politique ? Les millionnaires se lançant dans l'arène pour devenir chef d'État et de gouvernement ? Bien avant Donald Trump ou Andrej Babiš, il y a eu dans les années 1990 Silvio Berlusconi[1]. Les primaires ouvertes, qui ont fait couler tant d'encre en France ? Le phénomène est certes d'abord américain,

1. Voir Vít Hloušek, Lubomír Kopeček et Petra Vodová, *The Rise of Entrepreneurial Parties in European Politics*, Cham, Palgrave Macmillan, 2020.

mais sa version européenne est bien née en Italie, lorsque la gauche transalpine l'a mise en place pour régler son problème de leadership et accélérer l'union des gauches – une pratique qu'on retrouverait une décennie plus tard en France et ailleurs. Le populisme ? Sa version moderne est bien née en Italie au milieu des années 2000, avec le blog de Beppe Grillo, transformé en machine de guerre par le technopopuliste Davide Casaleggio[1]. Plus loin de nous, on retrouve les premières traces du populisme d'après-guerre dès 1946 avec la carrière météorique de Guglielmo Giannini et son Uomo Qualunque, qui préfigure la trajectoire du poujadisme d'une dizaine d'années[2].

Aussi, lorsque l'Italie expérimente le postpopulisme, il convient d'étudier dans le détail ses tenants et ses aboutissants, tant la probabilité de retrouver ce phénomène ailleurs en Europe (et y compris en France) est grande. Le processus a déjà commencé : le postpopulisme est déjà en marche dans de nombreux pays, aussi il ne serait pas surprenant que l'année 2024 soit celle de son arrivée à maturité et, donc, du dépassement du populisme, avec des conséquences majeures pour la politique occidentale dans son ensemble.

Soyons clairs : le postpopulisme n'a rien à voir avec le « postfascisme » utilisé sans parcimonie par une partie des médias occidentaux lors de la victoire de Giorgia Meloni aux élections italiennes de 2022 : un an après son accession au pouvoir, les Chemises noires ne font pas régner la terreur dans les rues de Rome ou de Milan, les libertés publiques sont sauvegardées, et ni

1. Voir Nicola Biondo et Marco Canestrari, *Il sistema Casaleggio. Partito, soldi, relazioni : ecco il piano per manomettere la democrazia*, Milan, Ponte alle Grazie, 2019.

2. Voir Marco Mensi, *Destra d'Italia. Una breve storia da Cavour a Salvini*, Gênes, Erga, 2019, p. 74-78.

la Constitution ni les libertés fondamentales ne sont menacées. Le postpopulisme semble au contraire se présenter comme un antidote à la vague populiste que nous avons connue tout au long des années 2010.

Mais de quoi le postpopulisme est-il au juste le nom ? Il s'agit d'abord d'un moment qui correspond à l'essoufflement du populisme en Europe et aux États-Unis : depuis deux ans et l'échec d'une réunion des droites européennes derrière Viktor Orbán, les mouvements populistes semblent de plus en plus clairement marquer le pas – avec des résultats décevants pour les partis du groupe Identité et Démocratie aux élections nationales en Europe et la claque reçue par la plupart des candidats trumpistes aux élections américaines de mi-mandat en novembre 2022[1]. Ces échecs, certes relatifs, ne se traduisent pas forcément par un retour de la gauche au pouvoir, car les opinions publiques européennes semblent toujours pencher fortement à droite. Le reflux populiste semble plutôt être le produit d'une grande lassitude de l'électorat, exprimée de plus en plus franchement dans les sondages depuis 2020. Le moment postpopuliste est le produit de cette lassitude, et de la nouvelle vague de disruption causée par le double choc de la Covid-19 et de la guerre en Ukraine.

Mais il s'agit peut-être de plus que cela : nous assistons effectivement à l'émergence d'une nouvelle doctrine politique, à droite en Suède et en Italie avec les victoires électorales des Démocrates de Suède et de Fratelli d'Italia, et peut-être également à terme à gauche avec la métamorphose du Parti travailliste britannique, ou encore le processus de normalisation de Syriza, en Grèce. Si les contours d'un postpopulisme de gauche

1. https://www.washingtonpost.com/politics/2022/11/09/trump-candidates-underperform-2022/

semblent encore relativement flous, ceux du postpopulisme de droite sont au contraire de plus en plus clairs, et épousent l'idéologie promue actuellement par le leadership du groupe parlementaire Conservateurs et réformistes européens (CRE) : libéralisme économique au niveau national doublé d'un certain protectionnisme au niveau international, défense des libertés individuelles, conservatisme sociétal assumé et fermeté contre l'immigration, soutien à l'Union européenne et également à l'Alliance atlantique. Certains de ces éléments reprennent la doxa populiste, mais d'autres la prennent totalement à contrepied, notamment sur l'Europe et l'Alliance atlantique, signe que les temps ont changé.

Il est donc important de comprendre à la fois le moment et la doctrine du postpopulisme, car celui-ci est le signe de la transition vers une nouvelle étape de la vie politique occidentale. Il n'est pas encore dit que le postpopulisme soit l'avenir de la droite ou de la gauche, mais il est désormais suffisamment présent dans le paysage politique européen et nord-américain, porté à droite par des personnalités comme Giorgia Meloni en Italie, Jimmie Åkesson en Suède, ou encore Glenn Youngkin et Nikki Haley aux États-Unis[1], pour faire l'objet d'une étude approfondie.

Voilà plus de dix ans que je travaille avec les partis politiques, principalement (mais pas uniquement) de droite en Europe, en lien avec l'International Republican Institute (IRI), un think tank américain relié à l'aile internationaliste du Parti républicain ; autant dire que j'ai pu vivre de l'intérieur les convulsions de cette dernière décennie, y compris durant ces trois dernières

1. https://www.economist.com/united-states/2022/11/17/glenn-youngkin-is-a-kinder-gentler-trumpist

années en poste en Italie, d'où j'ai pu constater l'essoufflement du populisme et l'émergence du postpopulisme, non seulement chez les partis de droite mais également à gauche.

Le postpopulisme, désormais bien installé en Italie, pourrait prendre le dessus ailleurs en Europe, et peut-être même également outre-Atlantique. Ce n'est pas une certitude, mais la trajectoire du mouvement comme son origine laisse à penser qu'il est à prendre au sérieux. Pour bien en comprendre ses tenants et ses aboutissants, il faut d'abord s'attarder sur le concept qu'il tend à remplacer : les deux premiers chapitres de ce livre se concentreront donc sur le populisme en tant que moment et en tant que doctrine, en l'étudiant sous l'angle de la disruption politique, avant de décrire sa montée en puissance et l'impact qu'il a pu avoir sur l'ensemble de la classe politique occidentale. Nous étudierons ensuite la période charnière 2020-2022, qui a complètement changé la donne et créé une demande pour dépasser le populisme. C'est une fois que ces éléments auront été compris que le moment, puis la doctrine postpopulistes pourront émerger plus clairement, avant que nous puissions envisager son avenir, que ce soit au sens large en Europe et en Occident, mais aussi plus précisément en France.

Chapitre 1

Populisme ou disruption ? Retour sur la genèse du populisme

Le préfixe « post » est utilisé dans les médias avant tout en raison de son aspect pratique. D'origine latine, il signifie l'après et marque une postérité dans le temps. Il n'est donc pas forcément besoin de savoir exactement ce qu'un nouveau concept est censé recouvrir pour pouvoir le qualifier de « post- ». On peut ainsi parler d'une société postindustrielle sans forcément avoir à en définir précisément les contours ; seule importe la postérité à l'âge des usines, et donc l'absence (ou la faiblesse relative) d'une classe ouvrière. De même, on peut parler d'un âge postidéologique pour souligner l'absence de ce qui a été mais n'est plus, sans forcément avoir à s'attarder sur ce qui l'a remplacé, même si certains diront qu'une idéologie dominante persiste. On pourra aussi parler d'un art postmoderne qu'on ne pourra pas qualifier autrement, soit parce qu'il n'y a pas encore d'étiquette à coller à un style qu'on ne peut pas encore qualifier aussi précisément que l'impressionnisme, le cubisme ou le surréalisme, soit parce que la seule information qui puisse nous permettre de qualifier une œuvre est la date de sa création. Enfin, on emploie aussi le préfixe « post » par paresse intellectuelle, pour donner un contour généralement flou à quelque chose de nouveau qui nécessiterait trop d'efforts ou de réflexion à définir exactement. Cette incapacité à penser l'inédit du présent est une tare des sciences sociales modernes, et il s'agira donc ici de ne pas tomber dans ce travers. Car si le postpopulisme est effectivement un moyen de dessiner les contours de quelque chose encore en développement, il correspond à la fois à un moment comme son préfixe temporel l'indique, mais aussi à une doctrine.

Une doctrine inclassable ?

Si on pouvait à une certaine époque s'autodéfinir comme fasciste ou communiste et en tirer une certaine gloire, ou tout du moins une autosatisfaction, c'est beaucoup plus rarement le cas pour le populisme. Les populistes eux-mêmes réfutent souvent cette étiquette, employée trop souvent par les élites comme « un label pour décrire des politiques que ces dernières n'aiment pas mais qui sont soutenues par des citoyens ordinaires[1] ». Le politologue Francis Fukuyama, qu'on peut difficilement taxer de proximité avec les populistes, voit juste dans cette définition, mais celle-ci nous met face à un certain nombre d'interrogations, la première étant qu'elle est avant tout une étiquette, souvent employée pour désigner quelque chose (ici une politique publique) qui n'est pas du goût des élites. Fait intéressant, malgré son rejet d'un autre « -isme », le libéralisme, il n'est pas vraiment question d'idéologie dans le populisme. En effet, une des caractéristiques de ce dernier est justement que même si ce mouvement est politique,

1. Cité par Simon Tormey dans Paolo Cossarini et Fernando Vallespín *et al.*, *Populism and Passions: Democratic Legitimacy after Austerity*, Londres, Routledge, p. 148.

il se présente d'abord comme antipolitique : comme le rappelle le journaliste américain John B. Judis, « il y a des partis populistes de droite, de gauche et du centre. Le populisme n'est pas une idéologie, mais une logique politique – ou plus précisément une manière de voir la politique[1] ». En d'autres termes, la doctrine du populisme est d'abord un style politique (ou de gouvernance) plutôt qu'un programme précis, et elle se définit d'abord non par ce qu'elle est, mais par ce qu'elle entend combattre, à savoir les élites qui refuseraient d'appliquer les politiques de bon sens demandées par le peuple.

Nous touchons là au cœur de la proposition populiste : la politique moderne se définit par une opposition frontale entre les aspirations du peuple et celles des élites, et c'est parce que les premières sont frustrées par les secondes que les populistes doivent intervenir pour permettre au peuple de gouverner réellement – et prendre la place des élites qui ont trahi leur mission. À vrai dire, cette opposition a toujours été une composante fondamentale du débat démocratique, et on la retrouve dès l'Antiquité, notamment dans la confrontation entre plèbe et patriciens durant la République romaine[2], mais aussi dans le débat des républiques et cités-États d'Italie centrale au Moyen Âge. Cette opposition se fait néanmoins bien plus pressante dès lors que le gouvernement prend une forme représentative, c'est-à-dire lorsqu'il instaure un corps intermédiaire entre le pouvoir et les citoyens. En effet, la démocratie n'est

1. John B. Judis, *The Populist Explosion: How the Great Recession Transformed American and European Politics*, New York, Columbia Global Reports, p. 14.

2. https://www.opendemocracy.net/en/real-divide-between-plebian-and-patrician-visions-of-democracy/

pas seulement, pour reprendre la formule d'Abraham Lincoln, la gouvernance « du peuple, par le peuple et pour le peuple », elle est aussi une tension constante entre le débat, la consultation des citoyens dans leur ensemble et la représentation de tous leurs intérêts (c'est-à-dire l'inclusion du *demos*), et la nécessité de la prise de décision, c'est-à-dire le pouvoir brut, ou encore le *kratos*. Plus le *demos* est large et divers, plus la prise de décision sera difficile, et plus faible sera le *kratos*. Si au contraire le *kratos* est fort, il laisse peu de place au débat public et provoque des insatisfactions, que ce soit par frustration d'une population qui se voit majoritaire mais trop peu consultée et dont les intérêts seraient insuffisamment pris en compte, ou par celle de minorités qui seraient alors victimes d'une « tyrannie de la majorité ».

Si la démocratie locale des premières sociétés démocratiques pouvait se permettre de concilier ces deux principes du fait de son caractère restreint, à la fois géographiquement et humainement, une échelle plus grande les rend complètement contradictoires. La démocratie se doit dès lors de gérer cette tension, ce qu'elle fait dans la période moderne en proposant des solutions de démocratie directe (des consultations et référendums qui dans certains pays peuvent être d'initiative populaire), mais surtout par l'adoption d'une forme de représentation dans laquelle la nation choisit des individus qui vont la représenter pour pouvoir soit exercer directement le pouvoir (élection de l'exécutif), soit contrôler celui qui exerce le pouvoir (élection d'un corps législatif). Dans les deux cas, on perd le lien direct entre *demos* et *kratos*. Comme le souligne Dominique Reynié dans son ouvrage de référence sur le populisme, notre démocratie moderne doit donc gérer « un écart permanent entre l'idée démocratique d'un peuple se gouvernant lui-même et le fait démocratique où l'on voit un peuple gouverné par ses représentants élus[1] ». Cette gestion frustre forcément l'une des parties, généralement celle qui n'a pas accès au *Kratos*, et cette frustration permet au citoyen qui ne voit pas ses intérêts représentés « de regarder la démocratie parlementaire comme un régime inaccompli, voire comme un pouvoir usurpé qui non seulement trahit la promesse qu'il prétend exprimer mais, plus encore, empêche de la réaliser[2] ».

Le populisme naît de cette frustration et de l'écart entre la promesse démocratique de la représentation (qui est le plus souvent exercée par des élites) et la réalité de l'exercice du pouvoir qui échappe de plus en plus à l'individu. Celui-ci considère alors que la démocratie est dysfonctionnelle parce qu'elle est exercée par une élite qui représente exclusivement ses propres intérêts au lieu de représenter ceux du « peuple » – une dérive communément définie comme une oligarchie, qu'il est facile d'apparenter à la ploutocratie. En d'autres termes, les populations sont frustrées d'un pouvoir qui semble à la fois distant et incompétent, et si elles sont favorables à l'idéal démocratique, leur réponse à la réalité est qu'elle « serait une bonne idée » si elle était réelle, pour reprendre la formule de Gandhi en réponse à un journaliste qui lui aurait demandé ce qu'il pensait de la civilisation occidentale.

Cette frustration est documentée par les deux enquêtes mondiales menées en 2018 et 2021 par la Fondation pour l'innovation politique (Fondapol) et

1. Dominique Reynié, *Les Nouveaux Populismes*, Paris, Hachette Pluriel, 2013, p. 15.
2. *Ibid.*

l'International Republican Institute (IRI), d'où il ressort que 50 % des sondés au niveau européen (mais aussi au niveau global) considèrent que la démocratie dans leur pays fonctionne mal ou très mal[1]. À notre époque, cette insatisfaction, non pas avec l'idée de la démocratie mais avec son fonctionnement, engendre des frustrations que les populistes peuvent canaliser par la promesse de remettre au centre du jeu démocratique les intérêts du peuple confisqués par une élite déconnectée. Comme l'indique Dominique Reynié, « la combinaison [...] d'un appel au peuple avec un discours anti-élite est une autre marque de fabrique de la politique populiste. Les élites politiques, économiques et sociales sont incompétentes et corrompues. Elles sont accusées de former une caste à la fois extérieure à la société et détachée de la nation[2]. »

L'opposition entre plèbe et patriciens, entre peuple et élite, est donc au cœur de la doctrine populiste, qui propose de rétablir l'équilibre en faveur des masses populaires lésées. Il y a là aussi une contradiction, dans la mesure où les populistes qui prétendent représenter le peuple sont en fait eux-mêmes issus de l'élite, que celle-ci soit politique (Geert Wilders aux Pays-Bas, Bernie Sanders aux États-Unis, Marine Le Pen en France), économique (Donald Trump aux États-Unis, Silvio Berlusconi en Italie) ou intellectuelle (Pablo Iglesias en Espagne, Éric Zemmour en France). Mais pour des raisons diverses, qui peuvent avoir trait à leur origine sociale, le caractère hétérodoxe de leurs opinions ou de leur comportement, ceux-ci n'ont jamais

1. Voir Dominique Reynié *et al.*, *Démocraties sous tension. Les enjeux*, tome 1, Paris, Fondapol, 2019, p. 22-30 ; et Dominique Reynié *et al.*, *Libertés : l'épreuve du siècle*, Paris, Fondapol, 2022, p. 62-64.

2. Dominique Reynié, *Les Nouveaux Populismes*, *op. cit.*, p. 26.

été totalement acceptés parmi la crème de la crème, ce qui leur donne le prétexte pour entrer en rébellion contre un système qui ne les accepte pas entièrement, en se faisant défenseur du petit peuple – « les petits, les obscurs, les sans-grade », pour reprendre la formule de Jean-Marie Le Pen en 2002. Pour ce faire, les membres de ces élites alternatives doivent adopter un langage moins soutenu, moins technocratique (le fameux « parler vrai »), et surtout adopter des positions qui brisent les totems et tabous des élites traditionnelles, que ce soit sur l'immigration, le commerce ou encore la persistance des inégalités sociales. Dans tous les cas, le message est le même : le petit peuple doit « reprendre le contrôle » face à la confiscation du pouvoir par les élites, qui se fait désormais frontalement contre les intérêts du peuple.

Dans un contexte où le libéralisme politique et économique est l'idéologie ultradominante des années 1990 et 2000, le populisme a donc forcément pris un caractère illibéral dans les années 2010, mais cette opposition au libéralisme ne constitue pas en soi une marque du populisme. Les populistes de la génération précédente s'opposaient certes au libéralisme social, mais ils restaient souvent attirés par le modèle libéral : Jean-Marie Le Pen s'est un temps auto-identifié à Ronald Reagan[1], qui lui-même a souvent été accusé d'être un populiste aux États-Unis[2] ; Stephen Harper, l'ancien Premier ministre canadien, le rappelle dans son livre *Right Here Right Now*, consacré au populisme : il a commencé sa carrière en tant que disrupteur, et

1. https://www.lemonde.fr/politique/article/2011/11/01/le-fn-de-l-admiration-pour-reagan-a-la-denonciation-de-la-toute-puissance-americaine_1596710_823448.html

2. Voir Michael Kazin, *The Populist Persuasion: An American History*, New York, Basic Books, 1995, p. 260-266.

continue d'être qualifié de « populiste » par certains de ses détracteurs[1]. Enfin, aux Pays-Bas et dans la plupart des pays nordiques, le populisme est né au départ au nom de la défense du libéralisme face à l'arrivée en nombre d'étrangers de culture non européenne et aux problèmes inédits d'intégration qu'elle posait. C'est le cas du leader assassiné Pim Fortuyn aux Pays-Bas, mais également de son héritier Geert Wilders, qui a commencé sa carrière au sein du VVD, le parti libéral néerlandais[2].

Il semble donc à première vue difficile de définir le populisme au-delà de la confrontation entre le peuple et la démocratie, dans la mesure où il n'est historiquement ni libéral ni antilibéral. Il n'est pas non plus de droite ou de gauche, puisqu'il peut être les deux – soit alternativement (Bernie Sanders *vs* Donald Trump), soit parfois en même temps (le Mouvement Cinq Étoiles dans sa version originelle en Italie). Aujourd'hui, un populiste de droite considérera son socle populaire comme la nation trahie par un ennemi à la fois extérieur (les immigrés ou les étrangers) et intérieur (les élites politiques qui cherchent à remplacer le peuple par des immigrés), et on parlera alors de « national-populisme ». Un populiste de gauche ne définira pas forcément le peuple de la même façon, et s'il pourra dans certains cas fusionner le peuple et la nation (par exemple, Alexis Tsipras et Syriza lors du référendum grec sur le plan d'austérité de la Troïka en 2015), il pourra également le voir de manière plus large, en incluant les immigrés passés et à venir. En bref, sa

1. Stephen Harper, *Right Here Right Now: Politics and Leadership in The Age of Disruption*, Toronto, Signal, 2018, p. 14.

2. Voir Laure Mandeville, *Les Révoltés d'Occident*, Paris, Éditions de l'Observatoire, 2022.

division entre élites et peuple se résumera aux 99 % de gens décents contre les 1 % de profiteurs en tout genre, pour reprendre les calculs qui ont fait mouche au début des années 2010 pendant le mouvement Occupy Wall Street, aux États-Unis.

Parfois même, le peuple sera défini par un algorithme informatique permettant d'analyser la volonté populaire grâce à des consultations en ligne, voire de la devancer par des analyses de comportement sur Internet – on parlera alors de « technopopulisme », ou « populisme technologique » dans lequel les thaumaturges ne sont pas des leaders charismatiques, mais des développeurs ou de brillants analystes de l'Internet, tels que Gianroberto Casaleggio en Italie (l'homme derrière la plateforme Rousseau du Mouvement Cinq Étoiles). Celui-ci n'hésite pas à déclarer : « La politique ne m'intéresse pas ; ce qui m'intéresse, c'est l'opinion publique[1]. » Un autre exemple de technopopulisme est encore Dominic Cummings, l'architecte du Brexit pour qui la clé de la réussite en politique réside non dans l'étude des sciences sociales, mais dans celle de la physique et des mathématiques[2]. Pour ces technopopulistes, la politique n'est qu'un simple jeu de résolution des problèmes, dans lequel un logiciel de participation populaire peut remplacer le Parlement et tout défi politique peut être résolu par une approche scientifique, voire, chez certains, technocratique. Dans le dernier cas, il s'agit d'un autre type de technopopulisme, le populisme technocratique tel qu'il a été défini

1. Cité dans Giuliano Da Empoli, *Les Ingénieurs du chaos*, Paris, JC Lattès, 2019, p. 42-43.

2. https://dominiccummings.com/2016/10/29/on-the-referendum-20-the-campaign-physics-and-data-science-vote-leaves-voter-intention-collection-system-vics-now-available-for-all/

par Christopher Bickerton et Carlo Invernizzi Accetti[1], où appels technocratiques et populistes se mêlent pour former une solution à la crise de la décision politique en substituant le Parlement par des techniciens, capables d'analyser l'opinion grâce aux nouvelles technologies : comme le rappelle à juste titre le politiste franco-italien Giuliano Da Empoli, « un élément fondamental de l'idéologie de la Silicon Valley est la sagesse des foules : ne vous fiez pas aux experts, les gens en savent plus. Le fait de se promener avec la vérité dans sa poche, sous la forme d'un petit appareil brillant et coloré sur lequel il suffit d'exercer une légère pression pour obtenir toutes les réponses du monde, influence inévitablement chacun d'entre nous[2]. »

On peut, en lisant ces extraits, penser aux systèmes mis en place par les technopopulistes Dominic Cummings ou Gianroberto Casaleggio, que nous venons de citer, et assimiler leurs stratégies à de la manipulation politique (ce qu'elles sont en partie). Mais on peut également penser à certaines démarches d'Emmanuel Macron, avec les consultations citoyennes ou encore le Grand Débat qui a suivi la jacquerie moderne qu'a été l'épisode des Gilets jaunes. Il ne s'agit ici bien sûr pas, sauf à se vautrer dans une diatribe partisane, de donner à Emmanuel Macron le visage d'un dictateur manipulateur qu'il n'est pas, mais bien de pointer du doigt une réalité qui est que si tous les populistes font preuve de populisme, certains leaders non populistes peuvent en adopter les postures, voire des politiques, pour soigner leur électorat, et pourquoi pas contrer les populistes

1. Christopher Bickerton et Carlo Invernizzi Accetti, *Technopopulism: The New Logic of Democratic Politics*, Oxford, Oxford University Press, 2021.

2. Giuliano Da Empoli, *op. cit.*, p. 77.

(une contradiction sur laquelle nous reviendrons). Comment voir autrement, par exemple, la suppression de l'ENA, symbole de la déconnexion des élites avec la société française dans l'opinion publique, et opportunément décidée pour apaiser les tensions pendant la crise des Gilets jaunes – en particulier quand on sait qu'elle a été remplacée quasiment à l'identique par l'Institut national du service public (INSP) ? Ou encore la Convention citoyenne sur le climat, une initiative qui contourne complètement le Parlement et reste étroitement contrôlée par experts et organisateurs, au point qu'elle met le président de la République dans une position de *deus ex machina* qui résout les problèmes et pose des veto (ou « jokers ») pour sauver la paix sociale. Nous sommes ici dans une position très populiste où l'homme-peuple se confond avec le peuple pour le mener dans une relation sans filtre.

Les politiques classiques ou modérés peuvent donc faire preuve de populisme, et cela nous met face à une contradiction, voire un dilemme : en effet, nous utilisons surtout le terme de « populisme » dans un sens péjoratif, mais le mot peut en fait être neutre, dans la mesure où la doctrine populiste, très floue, ne peut se définir que par son ambition de permettre à un peuple (souvent fantasmé) de reprendre le contrôle face à une élite déconnectée, incompétente et/ou corrompue. Dans ce cas, le populisme ne peut surgir que s'il existe véritablement une déconnexion entre les élites et la population, et condamner le populisme reviendrait donc à nier cette déconnexion, même si celle-ci est réellement perçue par une partie significative de la population. Devant cet écueil sémantique, une approche différente s'impose. Elle consistera à regarder le populisme non plus seulement comme une doctrine, mais d'abord comme un moment, car la montée du populisme moderne ne peut être entendue que dans le contexte tumultueux des années 2010.

Populisme ou disruption politique ?

La victoire de Donald Trump a été un choc particulièrement violent pour la société américaine, et en particulier pour l'Amérique progressiste, dont la radicalisation (déjà en cours durant les années fastes de la présidence Obama) s'est accélérée dans les mois qui l'ont suivie. Mais elle a également eu un impact majeur sur l'establishment de la droite américaine, qui est longtemps resté paralysé face à l'intrusion d'un « troll en chef » qui s'était donné comme mission de tout remettre en cause dans la politique américaine, y compris dans le corpus idéologique des Républicains. La tactique du milliardaire président m'avait été résumée par un ancien conseiller de la Maison-Blanche lors d'une conversation officieuse ; il s'agissait de « rentrer dans une maison, balancer une grenade dans chaque pièce, fermer la porte et retourner voir le résultat quelques instants plus tard ». On peut comprendre que, dans les salons feutrés de Washington, la réaction de l'establishment du Grand Old Party ait été pour le moins circonspecte : il y avait des postes à pourvoir (qu'il valait mieux, aux dires de certains, laisser entre des mains « responsables »), et Donald Trump avait pris la base du parti, sans laquelle une carrière politique était inenvisageable du fait du système des primaires. Les caciques républicains ont donc dû faire contre mauvaise fortune bon cœur, et adhérer plus ou moins ouvertement au trumpisme, une technique de survie qui devint pour certains un calvaire, pour d'autres un vrai chemin de Damas.

Dans les think tanks de Washington, certains mots jusque-là tabous, comme « immigration » ou « protectionnisme », devinrent ainsi du jour au lendemain d'importants sujets de recherche. Et d'autres au contraire devinrent tabous. Ce fut le cas du mot « populisme », que très peu d'organisations proches de l'univers républicain osèrent employer durant toute la présidence Trump. Le locataire de la Maison-Blanche s'était autodéfini comme nationaliste[1], comme « populariste[2] » et par bien d'autres épithètes d'autopromotion, mais il avait toujours refusé d'employer le terme de « populiste », ce qui rendait le mot absolument inutilisable pour tout organisme qui souhaitait garder le lien avec l'administration Trump. Les intellectuels de l'establishment républicain firent donc face à un dilemme digne des personnages de *Harry Potter* : comment qualifier Celui-Dont-On-Ne-Doit-Pas-Prononcer-Le-Nom sans encourir ses foudres ? Les efforts de l'establishment pour adapter leur sémantique au moment populiste eurent des effets non seulement sur le langage, mais aussi sur la réflexion autour du phénomène. C'est ainsi que le populisme devint la « disruption politique », et les populistes des « disrupteurs », un terme beaucoup plus neutre pour qualifier des personnages désormais au pouvoir dans un certain nombre de pays.

La gauche américaine ne saisit jamais véritablement toute l'ironie de cette intrusion à l'envers du politiquement correct dans la droite américaine – également car elle démontrait toute l'utilité (y compris intellectuelle)

1. https://www.politico.com/story/2018/10/22/trump-nationalist-926745

2. https://www.theguardian.com/us-news/2018/sep/05/bob-woodward-fear-donald-trump-steve-bannon

qu'il pouvait y avoir à renommer une chose ou un fait social ou politique. Outre le fait que le terme de « disruption » lui enlève son caractère péjoratif, il ouvre également des horizons bien plus vastes qui nous permettent non seulement de regarder le populisme sous un nouveau jour, mais aussi de le voir dans le contexte plus large de la disruption politique, un thème universel et que l'on retrouve partout dans l'histoire de l'humanité.

Non que le populisme soit un phénomène totalement nouveau. Dominique Reynié le rappelle, les populismes puisent leurs racines dans les mouvements de la fin du XIXe siècle qui cherchaient à recréer un lien entre élites déconnectées et un peuple fantasmé, que ce soit en Russie (avec les Narodniki), aux États-Unis ou en France[1]. Depuis, les poussées de populisme ont correspondu à des moments de turbulence dans l'espace politique occidental. On les retrouve en France dès les années 1880 avec le boulangisme, au milieu de la Grande Déflation qui touche l'ensemble des pays européens (et fait naître d'autres mouvements comme le Parti social-chrétien de Karl Lueger, en Autriche-Hongrie, mouvement à la fois populiste, antisémite, mais aussi en partie préfigurateur de la doctrine démocrate-chrétienne moderne). On les retrouve également durant une autre Grande Dépression, celle des années 1930, où la poussée populiste est éclipsée par celle de deux autres grands « -ismes », le fascisme et le communisme ; le populisme est alors présent à droite dans les discours d'un François de La Rocque, et encore plus clairement à gauche chez Marcel Déat ou Jacques Doriot. Il est d'ailleurs intéressant de constater que le populiste (mais légitimiste) de droite La Rocque ralliera

1. Dominique Reynié, *Les Nouveaux Populismes*, *op. cit.*, p. 19-24.

le parti de la Résistance, tandis que Déat et Doriot, issus respectivement de la SFIO et du PCF, deviendront des figures de la collaboration. Enfin, on retrouvera un populisme français clairement marqué à droite dans les années 1950 avec le poujadisme, à une période où le pays retrouve une forte croissance, mais doit également faire face à de fortes tensions sociales. À cette époque, le monde rural et les petits commerçants, en position de force pendant les années 1940 du fait des privations de la guerre et de l'idéologie du régime de Vichy, vivent un déclin marqué de leur position sociale[1].

Aux États-Unis également, les populistes montent en puissance à la faveur des périodes de crise : outre les mouvements nativistes qui accompagnent chaque période de crise économique et sociale, les premiers populistes de la fin du XIXe siècle sont à gauche avec le People's Party, qui accompagne la crise du *Gilded Age* en dénonçant ses inégalités et la pauvreté des campagnes laissées à l'écart du spectaculaire développement des villes américaines de l'époque. Le populisme reste également un mouvement de « gauche » dans les années 1920 et 1930, associé à la personnalité du gouverneur puis sénateur démocrate de Louisiane Huey « Kingfish » Long, qui restera une menace pour Franklin Roosevelt jusqu'à son assassinat, en 1935. Le mouvement nativiste de l'« America First » de la fin des années 1930 reste bien distinct du mouvement populiste, et ce n'est qu'à partir des années 1960 avec la montée en puissance du Conservatisme de mouvement (Movement Conservatism) que populisme et conservatisme commencent à fusionner avec Richard Nixon et, à ses débuts, Ronald Reagan – néanmoins, les deux présidents républicains se gardent bien alors

1. Voir Gilles Richard, *Histoire des droites en France de 1815 à nos jours*, Paris, Perrin, 2017, p. 298-306.

d'opérer une fusion du populisme conservateur avec le nativisme, fusion qui se réalise d'abord sur le plan intellectuel dans les années 1990 avec Pat Buchanan avant de trouver une expression politique avec Donald Trump dans les années 2010[1].

Cette brève histoire des poussées populistes en France et aux États-Unis nous apprend deux choses. Premièrement, elles confirment le caractère hétéroclite du populisme, qui peut être de droite (celui du Parti social français de François de La Rocque, par exemple), de gauche (celui de Huey Long dans la Louisiane des années 1920), et associé à des idées aussi diverses que le nativisme, la démocratie chrétienne (dont Karl Lueger est en Autriche l'un des inspirateurs) ou encore le socialisme. Deuxièmement, les poussées populistes sont toutes associées à des périodes de crise profonde : crise économique longue dans l'Europe des années 1880, 1930 et 2010, crise sociale et morale dans les États-Unis des années 1890, 1920-1930 ou 1960-1970, ou encore dans la France des années 1950. Le populisme est donc d'abord le symptôme d'une crise, d'un changement profond s'opérant dans le tissu économique et social d'un pays, bref d'une forte disruption. Il met en évidence le fossé matériel, moral ou intellectuel qui existe toujours entre les élites et le reste de la population, et qui s'étend du fait de l'ampleur du changement.

Voir le populisme comme le symptôme d'une disruption plus large nous permet de voir les populistes non plus comme des figures controversées, demi-dieux d'un mouvement contestataire, mais comme de simples agents de la disruption qui ne font que chevaucher les tumultes causés par un changement plus profond.

---

1. Voir Matthew Continetti, *The Right. The Hundred Years War for American Conservatism*, New York, Basic Books, 2022.

Cela nous permet également de nous concentrer sur les mécanismes de la disruption et les changements qui en découlent, car il est clair qu'une fois la montée populiste passée, il est extrêmement rare que la vie politique ou le tissu économique et social d'un pays retourne au *statu quo ante*. Le populisme peut disparaître, mais les effets de la disruption politique, eux, restent.

La disruption politique dans l'histoire

Comment peut-on donc analyser la disruption ? L'universitaire américain David Potter nous en livre quelques clés, en donnant au phénomène une profondeur historique allant de l'émergence du christianisme dans l'Empire romain à la montée du nazisme et du communisme dans les années 1930, en passant par la Réforme, l'émergence de l'islam au Moyen-Orient et celle du concept de la souveraineté populaire, associé aux Lumières, aux XVIIIe et XIXe siècles[1]. La première constatation que nous pouvons faire au vu de l'énoncé des cas étudiés dans cet ouvrage est que la disruption n'est en soi ni bonne ni mauvaise, ou plutôt qu'elle peut être l'une ou l'autre : si nous sommes aujourd'hui quasi unanimement d'accord sur le fait que la disruption des années 1930 a conduit à une gigantesque catastrophe, l'inverse est vrai pour celle de la fin du XVIIIe et du début du XIXe siècle, qui a fait émerger le concept de souveraineté populaire, et donc celui de notre démocratie moderne. Néanmoins, il faut également noter que le caractère positif de la disruption des Lumières était moins évident pour le paysan allemand qui voyait ses

1. David Potter, *Disruption. Why Things Change*, New York, Oxford University Press, 2021.

récoltes confisquées ou détruites par le passage de la Grande Armée en 1805, par exemple. De même, l'émergence de la chrétienté comme religion dominante dans la Rome de l'Antiquité tardive pourra nous paraître comme un fait positif, dans la mesure où il est constitutif d'une grande partie de notre culture occidentale, mais les choses étaient peut-être perçues différemment dans le contexte de décadence et de déliquescence de l'Empire romain – il n'existe que peu de sources sur les sentiments des païens qui durent se convertir plus ou moins librement après le baptême de Constantin[1], et certains historiens comme Edward Gibbon n'ont pas hésité à rendre le christianisme en partie responsable de la chute de l'Empire romain[2]. L'utilisation du terme « disruption » nous pousse donc à une plus grande prudence que celle du mot « populisme », par ailleurs historiquement plus étroit.

Deuxième constatation : la disruption correspond bel et bien à un moment au cours duquel il devient de plus en plus clair que les choses ne peuvent pas continuer telles qu'elles étaient auparavant. La disruption s'apparente donc à une crise, décrite par l'intellectuel marxiste italien Antonio Gramsci comme une période où « le vieux monde se meurt, le nouveau monde tarde à apparaître et dans ce clair-obscur surgissent les monstres ». Le populisme peut apparaître comme un de ces monstres, à moins qu'il soit qu'un agent permettant finalement au nouveau monde d'apparaître, plus ou moins douloureusement. Dans le cas de la conversion de Constantin au christianisme, elle marque le passage

1. Voir Ramsay MacMullen, *Christianisme et Paganisme du* IVe *au* VIIIe *siècle*, Paris, Les Belles Lettres, 1998.

2. Edward Gibbon, *Histoire du déclin et de la chute de l'Empire romain. De 96 à 582*, tome 1, Paris, Bouquins, 2010 (première édition : 1776 en anglais, 1812 pour la traduction de François Guizot).

(par ailleurs progressif) d'une société à une autre, de l'âge classique à l'Antiquité tardive puis au Moyen Âge – à moins qu'on considère la période de l'Antiquité tardive, qui court du IIIe au VIIIe siècle, comme un âge de disruption, ce qui a du sens étant donné la violence de l'époque et les bouleversements entraînés par les invasions barbares, les pandémies et la chute de l'Empire romain d'Occident.

La disruption correspond donc à une période où un certain nombre de mouvements de fond socio-économiques et internationaux, parfois à peine perceptibles, sont réunis à la faveur d'un événement précis qui sert de catalyseur et semble changer la donne, parfois de manière abrupte (une crise financière, par exemple). Cet événement semble donner raison à des idées qui s'étaient jusque-là développées de manière marginale dans l'espace public. Elles peuvent commencer à avoir du sens dans le nouveau contexte d'incertitude et se diffuser plus rapidement lorsque apparaît un nouveau moyen de communication pas encore maîtrisé par les anciennes élites. Le résultat de ce dangereux mélange est bien une période d'instabilité où tout semble possible, le meilleur comme le pire. Il s'agit souvent d'une période bénie pour les intellectuels qui voient le champ des possibles s'élargir considérablement, mais une période noire pour les élites au pouvoir qui voient leur dominance fortement contestée par de nouveaux acteurs.

Le résultat peut être un changement douloureux mais pacifique (par exemple, la longue extension de la franchise en Grande-Bretagne, au XIXe siècle), une révolution sanglante et chaotique (la révolution russe de 1917), ou encore une contre-révolution qui avec le temps devra néanmoins accepter que la réaction a ses limites, sous peine de perdre à nouveau le pouvoir – le destin des Bourbons de la Restauration, qui selon la formule attribuée à Talleyrand n'avaient « rien oublié, ni rien appris », illustre parfaitement l'impossibilité du retour en arrière. Dans tous les cas, il est intéressant de constater que la disruption met un terme à une période de certitudes, mais sa fin amène forcément à en forger de nouvelles : comme l'historien roumano-américain Eugen Weber l'a fort judicieusement remarqué, « la révolution, comme la réforme, commence par une utopie, mais finit en orthodoxie[1] » – une citation que nous retrouverons tout au long de cet ouvrage.

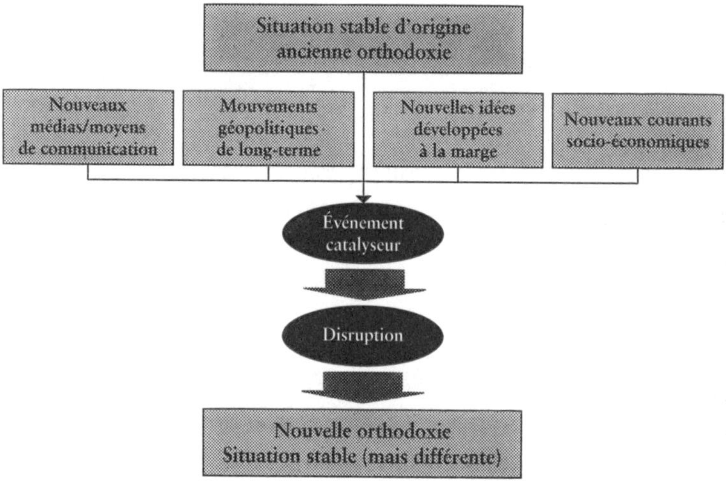

La Réforme, un exemple parfait de disruption

Le schéma ci-dessus permet de résumer le processus de la disruption politique, et il s'applique à tous les exemples cités dans l'ouvrage de David Potter. Prenons l'exemple de la Réforme : la situation d'origine, l'orthodoxie de la fin du Moyen Âge, voit une Église d'Occident

1. Eugen Weber, *The Hollow Years. France in the 1930s*, New York, Norton & Company, 1994, p. 114.

unifiée dans laquelle Rome et l'empereur tiennent une place prépondérante dans la politique européenne. L'événement catalyseur qui va donner l'occasion au théologien allemand Martin Luther de publier ses 95 thèses fondatrices de la Réforme sera la vente massive des indulgences par le Saint-Siège pour financer la construction de la basilique Saint-Pierre – celle-ci scandalise alors une partie de la chrétienté. Mais les idées de Luther n'ont pas émergé en 1517, une grande partie d'entre elles s'étaient développées à la marge du système durant une grande partie du bas Moyen Âge, avec la critique du faste de l'Église catholique : un siècle plus tôt, en Bohême, Jan Hus avait lui aussi critiqué les indulgences pour le salut de l'âme et proposé une doctrine assez similaire à ce qui deviendrait le protestantisme. Mais sans l'appui du nouveau média qu'était l'imprimerie, les soutiens de Hus (les hussites) ne purent propager leurs thèses au-delà de la Bohême et de la Moravie. Leur mouvement s'éteignit donc à la suite de féroces campagnes d'éradication de l'hérésie.

La grande différence entre Luther et Hus, c'est bien entendu l'accès à l'imprimerie, qui permet à Luther de faire connaître ses thèses et de les faire assimiler en un laps de temps trop court pour permettre à Rome et à l'empereur de tuer dans l'œuf cette rébellion contre l'autorité papale. Mais elle n'est pas la seule : le début du XVe siècle est aussi marqué par une urbanisation accélérée, qui brasse un grand nombre de personnes dans les villes. Les bourgeois, plus nombreux et plus autonomes que les paysans (ou les seigneurs féodaux, qui dépendent toujours d'un autre seigneur), sont également plus sensibles aux critiques de la doxa catholique, ce qui aide à la propagation des thèses de Luther dans une région, l'Europe du Nord, qui est alors en pleine croissance et en pleine urbanisation. Nous touchons là également à un développement géopolitique majeur en Europe, le déplacement du centre de gravité économique mais aussi politique de l'Europe de la Méditerranée vers le nord, grâce au développement du commerce dans la région du Rhin et de la mer du Nord, et également grâce à la découverte de l'Amérique et de chemins alternatifs vers les richesses de l'Orient. La conversion des princes au protestantisme se fait d'ailleurs principalement en Europe du Nord, une région plus périphérique par rapport à Rome, mais désormais capable de financer sa résistance à l'empereur, aux Pays-Bas par exemple.

Quoique étant un personnage incontournable de la Renaissance, et un théologien et intellectuel qu'on pourrait difficilement taxer de « populiste », Martin Luther n'en était pas moins un disrupteur, et sa disruption a bel et bien changé le monde occidental – pour le pire (conséquences de la Réforme, les guerres de Religion dévastent l'Europe pendant un siècle) comme pour le meilleur, dans la mesure où le protestantisme opère une révolution intellectuelle en Occident, et force effectivement l'Église à se remettre en question après le schisme, avec la Contre-Réforme issue du concile de Trente. De plus, la cohabitation malaisée des religions protestante et catholique et la persistance de l'humanisme (une idée là aussi développée à la marge vers la fin du Moyen Âge) permettront aux esprits éclairés du XVIIIe siècle d'accoucher de l'esprit des Lumières, dont les idées au départ marginales de souveraineté populaire et de séparation tant des pouvoirs que de l'État à l'égard de l'Église seront à l'origine de la disruption suivante, celle des révolutions de la fin du XVIIIe siècle en France et aux États-Unis.

Dans la disruption de la Réforme, ce n'est pas uniquement le disrupteur qui compte : quoique d'un esprit brillant, Luther ne fut pas le seul théoricien du protestantisme. Jean Calvin, Ulrich Zwingli, Guillaume Farrel et d'autres jouèrent également un rôle majeur dans la définition de la doctrine protestante. Le disrupteur n'est ici qu'un agent du changement – un agent important, certes, puisque sa position lui permet de définir la disruption, mais seulement un agent.

Disruptions du XXe siècle

Le schéma s'applique également à d'autres périodes de changement rapide dans l'Histoire : la période révolutionnaire – avec l'émergence de la philosophie des Lumières –, celle de l'entre-deux-guerres – où les théories de Karl Marx et Herbert Spencer, développées à la marge de la bonne société du XIXe siècle, se combinent à d'autres idées émergentes pour mener l'Europe au bord du précipice avec les grandes idéologies des années 1930, dans un contexte de changements sociétaux (émergence de la société industrielle de masse) et géopolitiques (montée en puissance des États-Unis, déclin de l'Europe) accélérés par la Grande Guerre puis la Grande Dépression. Une autre disruption, plus positive celle-là, voit Franklin D. Roosevelt comme agent : c'est l'émergence de l'idée d'un État beaucoup plus présent dans l'économie et la société, mais qui, après quelques hésitations, respecte la démocratie et l'État de droit. Le « keynésianisme » n'avait pas trouvé beaucoup d'adeptes dans les années 1920, à une époque où l'économie semblait fonctionner toute seule, mais cette idée développée à la marge durant cette période allait devenir l'orthodoxie de l'après-guerre, à la faveur des Trente Glorieuses.

Cette orthodoxie-là est remise en cause par la crise de 1974, qui semble dérégler pour longtemps l'économie d'un Occident alors en plein malaise moral. La solution proposée par Ronald Reagan, Margaret Thatcher et d'autres, la révolution conservatrice des années 1980, devient un autre modèle de disruption politique, plus contemporain que celui de la Réforme. Nous connaissons bien entendu les agents de la disruption, mais si Reagan et Thatcher marquent leur époque, les idées qu'ils mettent en place ont été développées dans l'immédiat après-guerre par les économistes et penseurs de la Société du Mont-Pèlerin comme Friedrich Hayek ou Milton Friedman, ou encore aux États-Unis les théoriciens du Movement Conservatism, qui commencent à se dresser dès les années 1950 contre ce qu'ils considèrent une capitulation de l'establishment républicain au pouvoir face aux idées du New Deal[1]. Ces idées, marginales jusqu'à la fin des années 1970[2], trouvent un terreau fertile à une époque où l'Occident en général et le monde anglo-saxon en particulier traversent une période de doute profond (dont les émeutes raciales de la fin des années 1960, les protestations contre la guerre du Vietnam ou encore le mouvement de grèves et le *winter of discontent* britannique de 1979 ne sont que des symptômes). Un doute relayé par la télévision, le nouveau média de l'époque, qui retransmet en couleur et parfois en direct les images d'un Occident en pleine mue socio-économique. Car l'époque est aussi marquée par l'émergence d'un électorat baby-boomer qui commence déjà à transformer la société (projet de Nouvelle Société de Chaban-Delmas et lois Veil en France, entre autres), mais aussi par la désindustrialisation et la tertiarisation des économies occidentales. Au niveau international, l'émergence du tiers-monde à la

1. Voir Matthew Continetti, *op. cit.*
2. Voir Stephen Harper, *Right Here Right Now*, *op. cit.*, p. 25.

suite de la décolonisation est un mouvement de fond qui semble donner raison à ceux qui voient l'Occident s'affaiblir, et l'idée dominante de la fin de la Détente est alors que tous les pays finiront par adopter le socialisme, à plus ou moins brève échéance et de manière plus ou moins marquée.

La crise économique de 1974 et la stagflation qui suit servent donc de catalyseur à cette nouvelle vague de disruption politique, dans laquelle un grand nombre d'idées développées à la marge du système, comme le maoïsme ou le trotskisme, ou encore les idées de la nouvelle gauche et de la nouvelle droite, vont se retrouver en compétition. Au final, le succès des réformes Reagan/Thatcher et du nouveau modèle anglo-saxon, couplé à l'effondrement du bloc soviétique, fait naître une nouvelle orthodoxie qu'on qualifie parfois de « néolibérale », mais qu'il serait peut-être plus sage d'appeler « doublement libérale », dans la mesure où ce libéralisme s'exprime à la fois sur le plan économique (victoire par KO de la droite dans les années 1980), mais aussi sur le plan sociétal. En effet, à la suite de leurs victoires électorales dans les années 1990, Bill Clinton et Tony Blair achèvent de solidifier le consensus sur une approche libérale de l'économie, mais tous deux vont y ajouter l'héritage sociétal de Mai 68 en accompagnant une transformation libérale de la société que ni George W. Bush ni David Cameron ne remettent en cause à leur suite. Le mouvement est similaire partout ailleurs en Occident, et c'est bien ce consensus libéral que les populistes vont attaquer dans les années 2010.

Le populisme comme disruption politique

La grande disruption des années 2010 est inséparable de son événement catalyseur, survenu un peu plus d'un an avant le début de la décennie. La crise financière mondiale de 2008 marque en effet un moment où le monde bascule dans l'inconnu, avec des conséquences visibles pour tout un chacun : la plupart des pays d'Europe centrale doivent attendre la seconde moitié des années 2010 pour retrouver un niveau de vie équivalent à celui de 2008, un niveau que certains pays en Europe du Sud n'ont toujours pas rejoint aujourd'hui. Il ne s'agit donc pas seulement d'une crise courte, limitée aux marchés financiers, mais bien d'une crise économique longue dont les conséquences vont se faire sentir jusqu'à la fin des années 2010, y compris sur le plan social et donc sur le plan politique. En appauvrissant (et en menaçant d'appauvrir) les populations européennes et américaines, la crise économique remet en cause le sentiment de sécurité de vastes pans de nos sociétés, qui sont dans le même temps confrontées à des changements de fond particulièrement puissants. La rencontre de ces deux insécurités constitue alors un terreau fertile pour ce que Dominique Reynié a appelé le « populisme patrimonial[1] », qui se nourrit d'une double insécurité identitaire et économique.

En élargissant, parfois très largement, la taille de la population menacée de déclassement, la crise économique augmente donc mécaniquement le soutien à un vote antisystème. Comme le souligne l'historien David Potter, « un changement disruptif commence toujours dans les marges de la société. Depuis la nuit des temps,

1. Dominique Reynié, *Les Nouveaux Populismes*, *op. cit.*

c'est le "mainstream" qui est conservateur[1] », et non l'inverse. Il n'est d'ailleurs pas anodin que les deux premiers pays à basculer dans le populisme version années 2010, la Hongrie en 2011 et la Grèce en 2015, aient été particulièrement touchés par la crise. À Budapest, le krach boursier de l'automne 2008 achève une économie hongroise très dépendante des capitaux extérieurs, et le Premier ministre socialiste de l'époque, déjà fragilisé par un scandale d'écoute de conversations dans lesquelles il avoue avoir menti sur l'état des finances publiques durant la dernière campagne électorale, doit avoir recours au FMI (Fonds monétaire international) et à un plan d'austérité particulièrement dur. C'est alors la double peine pour les Hongrois, qui font face aux conséquences de la politique d'austérité alors même qu'ils doivent rembourser des emprunts contractés en euros et surtout en francs suisses, alors que le forint a été dévalué. La combinaison de la crise économique avec la crise politique et morale qui frappe le gouvernement conduit à la radicalisation du parti de droite Fidesz et surtout à la vague électorale de 2011, qui donne à Viktor Orbán une majorité des deux tiers au Parlement. Celle-ci lui permet de changer la Constitution et refonder l'État comme il l'entend. C'est bien grâce à cette victoire éclatante que le Fidesz va pouvoir faire de la Hongrie un terrain d'expérimentation pour le national-populisme et l'illibéralisme qui domineront la seconde moitié des années 2010.

En janvier 2015, un deuxième mouvement populiste arrive au pouvoir en Europe : le parti d'extrême gauche Syriza, emmené par Alexis Tsipras, remporte alors une élection parlementaire anticipée provoquée

1. David Potter, *op. cit.*, p. 1.

par la chute du gouvernement de droite d'Antonis Samaras. Là aussi, la victoire du parti disruptif est clairement liée à la crise : certes, les Grecs ne sont pas touchés aussi immédiatement que les Hongrois par la crise financière de 2008, mais la chute qui commence en 2009 est encore plus violente. En l'espace de cinq ans, l'économie grecque perd près d'un tiers de son PIB (produit intérieur brut), et l'appauvrissement est général, avec des conséquences sociales qui incluent des taux de chômage à plus de 25 % de la population en 2014, un taux de chômage des jeunes qui dépasse les 50 %, et des taux d'extrême pauvreté qui passent de 11,5 % à 21,5 % entre 2008 et 2014[1]. Le parti socialiste Pasok, tout juste arrivé au pouvoir, en 2009, avec la promesse d'une hausse des dépenses publiques, est immédiatement pris dans la tourmente et se retrouve obligé d'entreprendre une politique d'austérité rendue nécessaire par le naufrage des finances publiques. Le résultat est somme toute similaire à celui de la Hongrie : émeutes et manifestations (dominée en Grèce par l'extrême gauche, en Hongrie par l'extrême droite), et défaite historique de la gauche de gouvernement aux élections de 2011, dont ne se sont remis ni le parti social-démocrate hongrois ni le Pasok grec depuis. La seule différence, c'est que les Grecs ont l'occasion de donner une chance au centre droit avant d'élire un parti disruptif qui était déjà devenu le premier parti d'opposition en 2011. Dans les deux cas, l'exaspération à la suite des conséquences réelles de la crise a convaincu suffisamment de citoyens de donner leur chance aux populistes.

1. Donatella Della Porta, Joseba Fernández, Hara Kouki et Lorenzo Mosca, *Movement Parties Against Austerity*, Cambridge, Polity, 2017, p. 36.

En tant qu'éléments catalyseurs, la grande récession et la crise de la zone euro sont donc des éléments clés pour comprendre la fièvre populiste de la dernière décennie. Mais ils ne sont que des déclencheurs, car ces crises ne font qu'accélérer des tendances lourdes qui avaient déjà commencé à émerger dans les années 1990 et 2000 mais deviennent des lames de fond à partir de 2008, emportant tout sur leur passage. La première d'entre elles est l'émergence des réseaux sociaux et des smartphones : créé en 2004, Facebook devient véritablement un phénomène de société en 2007-2008 ; à peine plus jeune (sa création date de 2006), Twitter est adopté en France par le monde journalistique dès 2008, date à laquelle le réseau dépasse son premier million d'utilisateurs. Les plateformes vont voir leur puissance décuplée par l'émergence du smartphone : le premier iPhone est lancé par Steve Jobs le 9 janvier 2007 ; en moins de deux ans, plus de 2,2 milliards de ces appareils sont vendus.

Réseaux sociaux : le double effet Facebook

En donnant un accès instantané à la plateforme et en permettant aux utilisateurs de communiquer, mais aussi de s'organiser et de mobiliser de façon décentralisée et en temps réel, le potentiel disrupteur du nouveau média devient vite évident : les réseaux sociaux ont le beau rôle pendant les manifestations de la place Tahrir, en Égypte, et la révolution du Jasmin en Tunisie, alors que l'Afrique du Nord et le Moyen-Orient semblent sur le point d'être balayés par les printemps arabes, dont les sources sociales remontent elles aussi à la crise de 2008 et au renchérissement du prix des matières premières, en particulier les céréales. Les réseaux sociaux sont également utilisés sur les grandes places des pays d'Europe du Sud, en Grèce (place Syntagma), en Italie (Piazza Maggiore de Bologne) et en Espagne (Puerta del Sol), pour organiser les manifestations des « Indignés », jeunes diplômés et étudiants qui voient leur avenir bouché par la crise économique et l'austérité qui s'ensuit.

Saluée au départ par la presse progressiste, l'irruption des nouveaux médias dans la société va vite devenir pour tous une épée à double tranchant : pour la gauche, ils sont l'objet des pires manipulations et retournent les élections, comme en 2016 avec le scandale Cambridge Analytica. À droite, on critique plutôt les orientations politiques des leaders de la Silicon Valley et on les accuse de toutes sortes de censures[1]. Les disrupteurs, eux, sont trop occupés à maîtriser l'outil, et deviennent rapidement des stars des réseaux sociaux, ringardisant les politiques traditionnels : aujourd'hui encore, l'Alternativ für Deutschland (AfD) et ses 518 000 abonnés sur Facebook sont bien loin devant la CDU (Union chrétienne-démocrate d'Allemagne) et ses 196 000 fans. Quant à Matteo Salvini, ses cinq millions de *followers* sur Twitter (1,4 million sur Facebook) dépassent toutes les autres figures de la politique italienne.

Le grand public découvre alors l'autre face des réseaux sociaux : générateurs de dopamine, ils produisent des addictions difficiles à combattre du fait de la nouveauté du phénomène. Mais surtout, ils favorisent la polarisation

1. Voir les débats récents aux États-Unis (et à l'intérieur de l'entreprise) sur la liberté d'expression et la censure, mise en avant par la publication des « Twitter Files » en décembre 2022 par Elon Musk. Comme à chaque fois en Amérique, le débat sur la question est extrêmement polarisé, mais les deux écoles qui s'affrontent sur le sujet se rejoignent dans une critique acerbe des réseaux sociaux. Voir https://www.wsj.com/articles/the-twitter-censorship-files-intelligence-spooks-russia-new-york-post-laptop-taibbi-11670189776 pour une critique conservatrice, et https://www.wired.com/story/twitter-files-elon-musk-shadowbanning-censorship/ pour une critique progressiste.

de la société en nous coupant non seulement de la réalité mais aussi de la diversité des opinions qui peuvent exister autour de nous. La caisse de résonance vantée au départ est devenue une chambre à écho close où, selon l'expert en cybersécurité Clint Watts, les « bulles de préférence créent un monde d'audiences dans lesquelles les utilisateurs font plus confiance à des personnes qu'ils ne connaissent pas plutôt qu'à celles qu'ils croisent ou fréquentent tous les jours [...] Celui qui obtient le plus de "j'aime" détient la vérité ; celui qui obtient le plus de "partages" devient un expert[1] ». Pour le journaliste David Patrikarakos, ces bulles de préférences nous conduisent progressivement « à un état d'homophilie, dans lequel des individus vont se lier uniquement avec des personnes qui partagent une même opinion et vont ainsi renforcer leurs points de vue sur le monde[2] ». La radicalisation des points de vue est une des facettes de la période disruptive des années 2010, et elle a été grandement encouragée par la diffusion rapide des nouveaux médias, de même que l'imprimerie ou la télévision ont alimenté respectivement la disruption de la Réforme au XVe siècle et celle du néolibéralisme des années 1980.

Cette radicalisation a été d'autant plus aisée et rapide que crise et réseaux sociaux ont fait apparaître non seulement des divergences d'opinions insoupçonnées, mais surtout des divergences sociales spectaculaires, lesquelles ne correspondent pas à l'image d'Épinal d'une société de consommation archi-dominée par une large classe moyenne homogène. L'« archipélisation » de la

1. Clint Watts, *Messing With the Enemy. Surviving in a Social Media World of Hackers, Terrorists, Russians, and Fake News*, New York, Harper Collins, 2018, p. 226.

2. David Patrikarakos, *War in 140 Characters. How Social Media is Reshaping Conflict in the Twenty-First Century*, New York, Basic Books, 2017, p. 12-13.

société française, pour reprendre le terme rendu célèbre par Jérôme Fourquet[1], n'est pas un phénomène purement hexagonal, et il ne date pas non plus de la crise de 2008 ; néanmoins, il est indéniable que la crise a accéléré ce qui devenait une tendance de fond dans les sociétés occidentales.

Société : du monopole bobo à la quadrature des classes

Ou plutôt *des* tendances de fond, puisque le processus d'atomisation suppose la rencontre de plusieurs dynamiques[2]. La première, c'est l'affaiblissement progressif de la classe moyenne, dont on estimait qu'elle dominait et apaisait les débats jusqu'alors : comme l'avait remarqué le sociologue américain Barrington More dans les années 1960, « *No bourgeoisie, no democracy*[3] ». Ce modèle, défini par une certaine uniformité et des petites habitudes d'une population résidant dans une banlieue pavillonnaire où la voiture est un fait de tous les jours, s'est retrouvé menacé non seulement par les effets économiques et sociaux de la crise, mais également par l'émergence d'un nouveau modèle de société promu par une nouvelle classe émergente : la classe créative théorisée par Richard Florida[4], et que

1. Jérôme Fourquet, *L'Archipel français. Naissance d'une nation multiple et divisée*, Paris, Seuil, 2019.

2. Je renvoie ici à mon premier ouvrage, qui traite de ce sujet et dont je résume ici les principaux points : Thibault Muzergues, *La Quadrature des classes. Comment de nouvelles classes sociales bouleversent les systèmes de partis en Occident*, Bruxelles, Marque belge/Le Bord de l'Eau, 2018.

3. Barrington More Jr., *Social Origins of Dictatorship and Democracy. Lord and Peasant in the Making of the Modern World*, Boston, Beacon Press, 1993 (la première édition date de 1966), p. 418.

4. Richard Florida, *The Rise of the Creative Class (Revisited)*, New York, Basic Books, 2012.

les Français connaissent mieux sous le nom que David Brooks a donné à ses membres : les bourgeois-bohèmes, ou bobos[1]. Il s'agit là d'un phénomène sociologique nouveau, dans la mesure où les modes de vie bourgeois et bohème étaient encore jusqu'à une date récente largement incompatibles : à la bourgeoisie l'argent, le pouvoir et le conformisme, à la bohème la créativité et la flexibilité (mais aussi la précarité).

La montée en puissance de la société de spectacle, des métiers de la communication puis de ceux de l'informatique et des nouveaux médias dans les années 1980-1990, couplée à la consolidation de l'électorat de la génération 68, a d'abord fait émerger une petite classe créative à la fois riche et attachée à une certaine vision de la vie de bohème, cantonnée à quelques anciens quartiers ouvriers comme Brooklyn, à New York, ou les arrondissements de l'Est parisien. Cette classe créative monte en puissance au cours des années 2000, et la crise de 2008 ouvre aux bobos les portes du pouvoir, à un moment où leur présence dans le monde médiatique devient un quasi-monopole et où les seules entreprises qui semblent garder la tête hors de l'eau sont justement celles de l'industrie et des nouvelles technologies. Nous sommes alors en pleine « obamania », l'élection du président américain résonnant comme un véritable passage de bâton générationnel et sociologique entre l'Amérique *middle class* de George W. Bush et celle de Barack Obama. Cette période de dominance de la classe créative fait des bobos les premiers disrupteurs, puisqu'ils cherchent alors à changer la société en profondeur en promouvant précisément leurs valeurs, toutes issues d'un mode de vie spécifique lié à leur style

1. David Brooks, *Bobos in Paradise. The New Upper Class and How They Got There*, New York, Simon & Schuster, 2001.

de vie dans les centres-villes : hédonisme, flexibilité, créativité, diversité.

L'irruption de la classe créative et de ses valeurs au centre de la vie politique provoque alors une réaction très forte de la part d'autres classes sociales qui ne partagent pas ces valeurs, et supportent encore moins les succès économiques des créatifs dans le marasme ambiant. La classe moyenne provinciale ou suburbaine est certes la première à se rebiffer, avec des succès électoraux comme celui de Rob Ford, en Ontario en 2010. Mais la réaction la plus violente reste à venir car la classe moyenne occidentale, si elle se sent menacée, n'est pas encore paupérisée. Les vraies révoltes proviennent de la classe ouvrière occidentale et des *millenials*, la nouvelle génération de diplômés que les créatifs avaient promis à un grand avenir et qui entrent sur le marché du travail juste après la crise. Ces jeunes, abreuvés par une culture créative (et, dans certains cas, l'idéologie gauchisante de leurs professeurs) mais frustrés dans leurs ambitions, se rebellent immédiatement devant la voie de garage qui leur est proposée avec des revenus en berne et des taux de chômage à deux chiffres qui frôlent voire atteignent les 50 % dans certains pays. L'époque est aux Indignés et à Occupy Wall Street, qui vont alimenter le populisme de gauche tout au long des années 2010[1]. Quant à la classe ouvrière, même si son déclin date de la crise précédente des années 1970 et la désindustrialisation progressive de l'Occident, la crise de 2008 sonne comme un coup de grâce qui doit l'envoyer dans les poubelles de l'histoire. Désespérées, les communautés de travailleurs et de retraités des *Rust Belts* européennes et nord-américaines, anciennement

1. Donatella Della Porta, Joseba Fernández, Hara Kouki et Lorenzo Mosca, *op. cit.*

marquées à gauche, vont basculer après des années d'abstention dans le soutien à un populisme de droite dont les leaders seront les seuls capables de parler de leurs problèmes, en utilisant leur langage[1].

Une disruption mondiale : la fin de l'hyperpuissance américaine (et occidentale)

La crise de 2008 accélère en effet la désindustrialisation de l'Occident – et les métiers qui vont avec –, mais elle ne le fait pas seule. Certes, la fermeture de nos usines est un phénomène lié à la montée en puissance de l'Asie, et plus particulièrement de la Chine, laquelle devient un véritable eldorado économique dans les années 2000. Nous touchons là à l'aspect international de la disruption. En effet, comme le souligne fort justement Dominique Reynié, la crise coïncide avec ce qui semble alors être une montée en puissance irrésistible des pays émergents, notamment en Extrême-Orient : « Ce glissement vers l'Asie change la donne. Une partie des Européens vit désormais avec la crainte du déclassement collectif, crainte pouvant se combiner avec celle d'un déclassement personnel. Pour un citoyen, la peur de perdre son rang dans une société se combine avec la crainte de voir son pays perdre son rang dans l'histoire[2]. » Nous trouvons ici la source du populisme patrimonial, mais la montée en puissance de l'Asie est également un vrai *game changer* au niveau international, dans la mesure où elle s'accompagne de ce qui semble alors être le début d'un effondrement de l'hyperpuissance

1. Voir Justin Gest, *The New Minority. White Working Class Politics in an Age of Immigration and Inequality*, New York, Oxford University Press, 2016.
2. Dominique Reynié, *Les Nouveaux Populismes*, *op. cit.*, p. 55.

américaine. Commencé dès les années 1980 et ralenti dans les années 1990 par la stagnation japonaise et surtout la crise financière de 1997, l'essor de l'Asie orientale est, à partir des années 2000, nourri par une croissance économique chinoise spectaculaire, qui devient un fait marquant de l'époque. C'est encore plus le cas après la crise de 2008, où la Chine devient le seul moteur de l'économie mondiale : l'analyse qui prévaut alors est que la crise est avant tout une faillite anglo-saxonne, et en particulier américaine[1] : faillite financière en raison de l'effondrement du système banquier, mais faillite morale également, quelques années après le début de l'invasion de l'Irak, le plus grand fiasco de la politique étrangère américaine depuis le Vietnam.

Dans ce contexte international particulier, on ne parle plus d'hyperpuissance américaine et de son universalisme défini par la promotion de la démocratie libérale de par le monde, mais au contraire de l'émergence d'un monde postaméricain[2], où l'Occident deviendrait de moins en moins pertinent avant d'être dépassé par le Sud global, aussi sûrement que la Chine dépasserait les États-Unis à plus ou moins brève échéance. Le monde multipolaire ne serait pas, comme l'avait initialement imaginé Jacques Chirac, principalement occidental. On le voyait alors dominé par le Brésil, la Russie, l'Inde, la Chine et l'Afrique du Sud, ces BRICS promis à un brillant avenir, soit parce qu'ils s'étaient imposés comme l'usine du monde, soit parce qu'ils surfaient sur un boom des matières premières qui renforçaient leur puissance économique, mais aussi leur pouvoir d'attraction

1. Adam Tooze, *Crashed. How a Decade of Financial Crises Changed the World*, Londres, Penguin Random House, p. 5-6.

2. Fareed Zakaria, *The Post-American World*, New York, Norton & Company, 2008.

et leur puissance tout court. Le modèle que les BRICS offraient n'était pas seulement une alternative économique, il comportait dans certains cas une composante politique qui n'avait pas échappé à Viktor Orbán. Le pionnier du national-populisme l'avait d'ailleurs remarqué en 2014, lors de son discours de Băile Tuşnad en 2014, sorte de genèse de l'illibéralisme :

> L'un des sujets à la mode dans la pensée politique aujourd'hui est de comprendre des systèmes qui ne sont pas occidentaux, libéraux, ou libéraux-démocrates, parfois même pas démocrates du tout, et qui font réussir les nations. Aujourd'hui, les modèles des analyses internationales sont à Singapour, en Chine, en Inde, en Russie, en Turquie. Et je crois que notre communauté politique a anticipé correctement ce nouveau défi. [...] Nous sommes actuellement à la recherche d'un moyen de nous libérer des dogmes ouest-européens, d'une forme d'organisation de notre communauté qui nous permettrait d'être compétitifs dans cette grande compétition globale. [...] Nous devons courageusement dire une phrase, une phrase qui comme celles que je viens d'énumérer, était jusqu'alors considérée comme sacrilège dans l'ordre libéral mondial. Nous devons dire clairement qu'une démocratie n'est pas nécessairement libérale. Et ce n'est pas parce que quelque chose n'est pas libéral qu'il ne peut pas être démocratique. De plus [...] il est probable que les sociétés fondées sur les principes libéraux d'organisation de l'État ne seront pas capables de survivre à la compétition internationale durant les prochaines années[1].

1. Discours de Viktor Orban à Băile Tuşnad (Roumanie) le 26 juillet 2014, dont la transcription est disponible en anglais sur le site officiel du gouvernement hongrois : https://2015-2019.kormany.hu/en/the-prime-minister/the-prime-minister-s-speeches/prime-minister-viktor-orban-s-speech-at-the-25th-balvanyos-summer-free-university-and-student-camp

Ce discours mérite d'être cité longuement : d'abord parce qu'il nous renseigne sur la nature des ambitions de Viktor Orbán, mais aussi parce qu'il montre à quel point les modèles alternatifs non occidentaux de développement et de puissance qui ont émergé dans l'après-2008 ont marqué les esprits. Dans un contexte où tout est à réinventer, la lame de fond qui semble alors irrésistible dans les affaires internationales pousse tout mouvement visant à réformer en profondeur ou même à faire tomber le vieux système à prendre note et à chercher de nouveaux partenariats pour l'avenir. On trouve ici la genèse de l'adhésion parfois quasi religieuse qui a pu s'opérer dans certains milieux populistes (et au-delà) envers la personne de Vladimir Poutine, ou encore envers le modèle chinois. Le soleil se lève à l'est, et dans les années 2010 les BRICS représentent alors l'avenir, tandis que l'Occident semble promis aux poubelles de l'histoire.

La fin de l'Occident, obsession populiste

Le rejet, ou tout du moins la critique sans concessions de l'Occident, c'est là une marque de fabrique de la plupart des mouvements populistes des années 2010. Mais ce rejet ne vient pas de nulle part. Comme l'explique Michael Kimmage dans un ouvrage où il s'attarde sur l'idée de l'Occident et ses critiques dans l'histoire contemporaine[1], l'opposition est double. À droite, l'idée d'un déclin de l'Occident par décadence et rejet de ses valeurs traditionnelles remonte au moins à la Grande Guerre et aux écrits de l'historien allemand Oswald Spengler (nous pourrions en France faire remonter le

1. Michael Kimmage, *The Abandonment of the West. The History of an Idea in American Foreign Policy*, New York, Basic Books, 2020.

concept à Chateaubriand et à l'émergence de la réaction intellectuelle à la Révolution). À gauche, la critique n'est pas plus récente, et Kimmage la fait remonter au moins à W. E. B. Du Bois et Frantz Fanon – pour eux, comme pour Gandhi, l'Occident serait peut-être en théorie une bonne idée, mais sa réalité est bien loin des ambitions universalistes affichées. Pour les opposants de gauche, l'Occident est plus qu'une déception, c'est une fraude utilisée par les puissants pour asseoir leur domination sur le monde.

Ces deux critiques de l'Occident réapparaissent tout au long de l'histoire du XXe siècle pendant les périodes de crise, et on les voit se réinventer dans la vie intellectuelle occidentale durant les années 1990, à une époque où l'Occident est justement triomphant et où on ne prête que trop peu d'attention à des discours taxés à l'époque de « cryptomarxistes » ou de « cryptofascistes ». Au moment où le libéralisme semble gagner du terrain partout dans le monde, des universitaires américains des sciences sociales réinventent et refondent la *French theory* pour mieux dénoncer les nouveaux asservissements de la société néolibérale. Noam Chomsky est certes un intellectuel connu, mais ses thèses tiers-mondistes sur l'impérialisme américain[1] et sur l'asservissement des médias au service de cet impérialisme aussi bien à l'étranger qu'en Amérique[2] rencontrent un faible écho chez les décideurs. Elles restent réservées à une niche politique bien loin des cercles de pouvoir, à Washington comme ailleurs. Les héritiers de Chomsky réussissent certes à trouver

1. Voir par exemple Noam Chomsky, *Hegemony or Survival. America's Quest for Global Dominance*, New York, Metropolitan Books, 2003.
2. Noam Chomsky, *La Fabrication du consentement. De la propagande médiatique en démocratie*, Marseille, Agone, 1988.

un public relativement large dans les années qui précèdent la crise, grâce notamment à la guerre en Irak, qui permet une critique plus aisée de la politique américaine. En 2007, l'altermondialiste canadienne Naomi Klein publie *La Stratégie du choc*, qui offre une critique globale de l'ensemble du « système » néolibéral américain et reprend la plupart des thèses qu'elle a développées dans ses ouvrages précédents. Sa traduction en français arrive juste au moment de la crise de 2008[1]. On retrouvera ses thèses, ainsi que celles de Chomsky et d'autres intellectuels altermondialistes dans les mouvements Occupy Wall Street et en Europe chez les Indignés du début des années 2010, lesquels précèdent ou accompagnent l'explosion du populisme de gauche.

À droite aussi, les idées formatrices de la disruption viennent de loin. En 2001, treize ans avant *Le Suicide français*[2], d'Éric Zemmour, l'intellectuel paléo-conservateur américain Pat Buchanan commet *The Death of the West : How Dying Populations and Immigrant Invasions Imperil Our Country and Civilization*[3], où l'on retrouve déjà la plupart des thèmes développés par l'essayiste français durant les années 2010 : celui du déclin d'un Occident qui a perdu ses racines, la mise en accusation de la contre-culture des années 1960 comme principale coupable de la décadence morale, et enfin la prédiction d'une grande substitution de la population américaine « de

1. Naomi Klein, *La Stratégie du choc. La montée d'un capitalisme du désastre*, Paris, Actes Sud, 2008.

2. Éric Zemmour, *Le Suicide français*, Paris, Albin Michel, 2014.

3. Pat Buchanan, *The Death of the West. How Dying Populations and Immigrant Invasions Imperil Our Country and Civilization*, New York, Thomas Dunne Books, 2001 ; et Pat Buchanan, *Suicide of a Superpower. Will America Survive to 2025?* New York, Thomas Dunne Books, 2011.

souche » par l'immigration. Ce n'est pas encore le « grand remplacement » (les thèses de Renaud Camus ne seront publiées qu'en 2011[1]), mais on y retrouve tous les éléments – moins la conspiration – qui seront développés dans les années 2010 par les tenants de la théorie du complot démographique.

La publication de *The Death of the West* provoque un tollé quasiment général aux États-Unis, et les intellectuels de droite en vue sont alors nombreux à condamner les écrits de l'ancien conseiller de Richard Nixon et Ronald Reagan. Treize ans plus tard, les écrits d'Éric Zemmour choqueront beaucoup moins la droite française, preuve que des idées considérées comme marginales une décennie plus tôt ont fait leur chemin... Il faut dire qu'en 2014, l'Europe et l'Occident sont en pleine crise morale et politique, et les événements semblent donner raison à ceux qui, avant la crise de 2008, prêchaient dans le désert en nageant à contre-courant des idées dominantes. C'est le cas des intellectuels de gauche et de droite qui guident alors la disruption politique, et aussi de certains politiques dont les prises de position loufoques de l'époque prennent un sens tout à fait nouveau à la faveur des événements. Les idées protectionnistes de Donald Trump étaient connues depuis longtemps (il s'était, dans les années 1980, insurgé contre la « concurrence déloyale » japonaise[2]), de même que celles de Bernie Sanders et Jeremy Corbyn, tous deux considérés comme de vieux gauchistes sans avenir : la longue crise des années 2010 va leur permettre de prendre leur revanche.

---

1. Renaud Camus, *Le Grand Remplacement*, Neuilly-sur-Seine, David Reinharc, 2011.

2. https://www.nytimes.com/2019/05/15/us/politics/china-trade-donald-trump.html

« Hier les populistes espéraient une invitation, aujourd'hui les médias espèrent un populiste[1]. » En 2013, Dominique Reynié résumait déjà parfaitement la montée en puissance du populisme, devenu à la fois objet de dégoût pour les élites et bouffée d'air frais pour une partie de la société laissée sans repères par la crise. Mais s'il n'est pas possible de comprendre le populisme sans l'élément catalyseur qu'a été la crise de 2008, il faut avant tout voir ce mouvement comme le symptôme d'un malaise plus grand, une grande disruption dans laquelle l'émergence de nouveaux phénomènes sociétaux, de nouveaux courants de pensée, de nouveaux moyens de communication et de nouvelles dynamiques géopolitiques s'est accélérée à la faveur d'une crise financière dont on ressentait encore les effets dix ans plus tard. Cette grande disruption va servir de cadre à l'expérimentation populiste de 2010-2019.

1. Dominique Reynié, *Les Nouveaux Populismes*, *op. cit.*, p. 340.

Chapitre 2

La grande disruption : retour sur une décennie d'expérimentation populiste

« L'économie de marché avait mené le monde à la catastrophe, les parlements n'avaient pas de solution, et les États-nations semblaient manquer d'instruments pour protéger leurs citoyens de la paupérisation[1]. » Cette citation de l'historien américain Timothy Snyder pour décrire les années 1930 s'applique tout aussi bien à la décennie 2010. Les deux époques sont bien deux moments de disruption intense, avec de fortes racines sociologiques, géopolitiques, médiatiques et intellectuelles. Il existe néanmoins une différence importante : en 1932-1933, les idées qui sortent des marges pour passer dans le mainstream, tout du moins dans certains pays, sont des idéologies qui proposent un tout, une solution globale aux défis de l'époque. En 2010, la période n'est plus aux grands systèmes intellectuels ou idéologiques, et le populisme offre donc une alternative à la fois vague et flexible, dans l'air du temps d'un âge postindustriel, postmoderne et postidéologique.

En période de crise, les modérés ont toujours tort – et notamment celui de vouloir sauver un système

1. Timothy Snyder, *Bloodlands. Europe Between Hitler and Stalin*, Londres, Vintage, 2015, p. 17.

dont tout un chacun peut constater qu'il ne fonctionne plus comme il le devrait. Comme le rappelle l'historien Eugen Weber, dans ce type de période « un pouvoir modéré rend la révolte facile et encourage une opposition immodérée[1] ». Dans un monde où l'histoire semble s'accélérer à grande vitesse, l'establishment a d'abord le plus grand mal à résister face à la proposition d'un renouvellement démocratique porté par les populistes, avant que les digues cèdent dans la seconde partie de la décennie.

2010-2015 : montée en puissance et premiers succès

La première partie de la décennie disruptive n'aura finalement apporté que peu de prises du pouvoir par les urnes en Amérique du Nord et en Europe – les deux seuls exemples, cités lors du chapitre précédent, sont la Hongrie en 2011, qui bascule dans un populisme de droite, et la Grèce de 2015, qui expérimente pendant six mois un populisme de gauche avant qu'Alexis Tsipras revienne vers le mainstream après l'été. Dans les deux cas, la victoire populiste correspond à une situation économique et politique particulièrement critique, avec un establishment décimé par les scandales et un appauvrissement spectaculaire. Quand on compare cette période avec celle qui suit, la vague populiste semble alors être contenue géographiquement, avec deux malheureux écarts dans un parcours qui restera linéaire dans le long terme – comme se plaisait à le noter durant sa présidence Barack Obama, citant Martin Luther King, l'« arc de l'univers moral est long,

1. Eugen Weber, *op. cit.*, p. 22.

mais il tend toujours vers la justice[1] ». Les mouvements populistes sont alors assimilés au poujadisme, un abcès de colère dans une dynamique autrement plus positive qui devait inévitablement prendre le dessus, menant à terme à un retour rapide à la normale.

Pourtant, cette incapacité des mouvements populistes à prendre le pouvoir immédiatement ne doit pas cacher la réalité d'un démarrage spectaculaire, en témoignent leurs résultats dans nombre de pays d'Europe, et d'abord en France, où le duel Hollande-Sarkozy du second tour en 2012 n'efface pas totalement l'émergence de deux pôles populistes à droite et à gauche. Marine Le Pen et Jean-Luc Mélenchon s'imposent alors déjà comme une alternative crédible au traditionnel duel droite-gauche, avec respectivement 17,90 % et 11,10 % des voix. Certes, la troisième et le quatrième candidat du scrutin restent loin derrière les deux favoris, mais leur score au-dessus des 10 % les place largement devant les autres candidats plus traditionnels, qu'il s'agisse du centriste François Bayrou ou de l'écologiste Eva Joly. À eux deux, les candidats disrupteurs totalisent déjà 29 % des voix, alors qu'en 2007 Jean-Marie Le Pen avait été le seul à dépasser la barre des 5 % avec un score de « seulement » 10,44 %. 2007 avait d'ailleurs été une *annus horribilis* pour les candidats aux marges du système, avec des résultats décevants à la présidentielle et aux législatives : à l'époque, on anticipait la disparition du groupe parlementaire communiste[2], tandis que les résultats catastrophiques du Front national aux

1. https://obamawhitehouse.archives.gov/blog/2011/10/21/arc-moral-universe-long-it-bends-toward-justice
2. https://www.nouvelobs.com/politique/elections-2007/20070530.OBS9474/le-pcf-menace-de-perdre-son-groupe-parlementaire.html

législatives avaient forcé Jean-Marie Le Pen à vendre le siège historique du parti, à Saint-Cloud[1].

La France, plus habituée que d'autres pays à des votes antisystème, n'est pas la seule en 2012 à faire l'expérience d'une percée populiste : plusieurs pays sont également pris de fièvre disruptive dans les années 2010-2015. En Europe du Nord, le populisme est largement à droite de l'échiquier politique, avec une fièvre nativiste qui gagne la Finlande dès 2011 et porte les Vrais Finlandais à 19,1 % des voix (le parti avait réalisé un score de 4,1 % cinq ans auparavant). Aux Pays-Bas l'année précédente, Geert Wilders et son parti, le PVV, obtiennent 15,45 % aux élections législatives de 2010, un score qui rend le leader populiste incontournable dans la formation du nouveau gouvernement. Ailleurs dans la région, les disrupteurs de droite enregistrent eux aussi une très forte progression sur cette période, passant de 5,66 % à 12,86 % des voix en Suède entre 2010 et 2014 (avec les Démocrates de Suède), ou encore de 12,32 % à 21,08 % des voix, entre 2011 et 2015, pour le Parti populaire danois (DPP), qui devient le deuxième parti du Danemark en termes de voix et de groupe parlementaire. L'Europe du Nord vit alors à l'heure de l'explosion du populisme patrimonial, à une époque où les citoyens de ces pays font face à une incertitude économique inédite dans leur histoire récente. Les Scandinaves et les Finlandais rechignent à aider les pays d'Europe du Sud, dont ils estiment qu'ils sont seuls responsables de la dérive des dépenses publiques, et surtout ils montrent par leur vote disruptif une très forte anxiété face à une immigration massive qui semble être devenue incontrôlée :

1. https://www.leparisien.fr/politique/le-pen-confirme-la-vente-du-paquebot-11-01-2008-3295963920.php

en à peine vingt ans, la proportion d'immigrants dans la population suédoise est ainsi passée de 11 % à 17 %, et cette augmentation est imputable principalement à une immigration extra-européenne que les Suédois connaissent peu et doivent vivre sans que puisse s'établir un débat démocratique autour de la question, devenue un tabou dans le paysage politique national[1].

En Europe du Sud, la poussée populiste prend à l'inverse un caractère beaucoup plus gauchisant, avec le succès électoral de Syriza en Grèce, en 2015, lequel passe du statut de parti marginal avec 4,60 % des voix en 2009 à celui de premier parti d'opposition en 2012 (16,78 %) puis de parti majoritaire en 2016 (36,34 %). La poussée est également spectaculaire en Espagne, où Podemos récolte 20,68 % des voix aux élections générales de 2015, un an seulement après sa création. En Italie, c'est le Mouvement Cinq Étoiles du comique Beppe Grillo et du technopopuliste Gianroberto Casaleggio, plus difficilement classable sur le spectre politique droite-gauche, qui marque les esprits avec 25,56 % des voix obtenues à sa première participation, aux élections législatives de 2013, et une troisième place qui deviendra deuxième place l'année suivante aux élections européennes (21,2 % des voix).

Dans les trois cas, la poussée disruptive est alimentée par les mouvements sociaux de jeunes étudiants et diplômés qui s'allient aux vieux militants marxistes dans les manifestations d'Indignés. Ils s'organisent dans le sillage des premières politiques d'austérité mises en place par les gouvernements espagnol et grec

1. Voir Tino Sanandaji, *Les Suédois et l'immigration. Fin de l'homogénéité ?*, Fondapol, août 2018, disponible en ligne : https://www.fondapol.org/etude/suede/

en 2010-2012[1], et le mouvement trouve une expression politique dans des partis existants comme Syriza, en Grèce, ou des partis créés *ad hoc* comme Podemos. En Italie, pionnière comme souvent en termes de techniques politiques, le Mouvement Cinq Étoiles a pris les devants en organisant lui-même ses propres manifestations antisystème avant la crise : en 2007, Beppe Grillo adresse sur son blog un appel à ses supporteurs pour un grand happening le 8 septembre – le « V-day » ou « Vaffa-day », l'abréviation faisant référence à la locution italienne *vaffanculo*, qui se passe de traduction. L'idée est d'exprimer le rejet en bloc de la classe politique nationale et proposer une alternative par le bas. Bénéficiant de très peu de publicité dans les médias traditionnels, le Vaffa-day rencontre néanmoins un énorme succès grâce aux réseaux sociaux et à la popularité du blog de Grillo. L'intellectuel italien Giuliano Da Empoli décrit ce moment de bascule dans une politique italienne qui s'était habituée à la stagnation économique et politique, avec un duel sans fin entre Romano Prodi et Silvio Berlusconi : « Dans les jours qui précèdent le V-day, la presse n'y consacre pas une ligne, les télévisions pas une minute d'antenne. Pourtant, le 8 septembre, la Piazza Maggiore de Bologne [l'épicentre de la manifestation] est bondée, comme cela n'était plus arrivé depuis des années. Dans toute l'Italie, deux cents autres places se remplissent de supporteurs, venus célébrer le *vaffanculo* colossal adressé par Grillo à la caste des hommes politiques qui oppriment les Italiens[2]. » Grillo réussit donc ici à anticiper le mécontentement des jeunes, qui se rallieront massivement au

1. Voir Donatella Della Porta, Joseba Fernández, Hara Kouki et Lorenzo Mosca, *op. cit.*

2. Giuliano Da Empoli, *op. cit.*, p. 48.

Mouvement Cinq Étoiles et seront une des clés de son succès électoral[1].

La France n'est donc pas seule à connaître une poussée populiste à cette époque. Mais elle est la seule en Europe, avec la Grèce, particulièrement touchée par la crise[2], à connaître en même temps un populisme de gauche et un populisme de droite. Encore n'est-elle pas non plus la seule en Occident, car les Américains ont en fait précédé les Européens de deux ans, avec l'émergence dès la fin 2008 de deux mouvements anti-establishment qui changent la donne politique à l'intérieur des deux partis institutionnels : le Tea Party et Occupy Wall Street.

On a parfois tendance à opposer les mouvements de droite et de gauche issus de la marge des partis républicain et démocrate, et qui ont défini les révoltes de l'élection présidentielle de 2016 et une partie des développements qui ont suivi. Ils ont néanmoins une racine commune : l'expression du dégoût envers les élites, accusées de trahir l'idéal américain, voire de profiter de la crise financière qui touche là aussi durement les foyers. Dans les deux cas, c'est le plan de sauvetage des banques par l'administration George W. Bush, et le plan de relance économique de l'administration Obama, particulièrement orienté sur l'assainissement des marchés financiers, qui font office de goutte d'eau faisant déborder le vase. Républicains puis Démocrates de l'establishment sont accusés d'offrir une porte de

1. Je renvoie ici encore à *La Quadrature des classes* et son chapitre consacré à l'Europe du Sud. Thibault Muzergues, *La Quadrature des classes*, *op. cit.*, p. 147-161.

2. Rappelons que pour gouverner en 2015, Syriza s'allie avec le parti de droite souverainiste Les Grecs indépendants, qui a obtenu 4,5 % des voix. Le parti néofasciste Aube dorée est alors aussi représenté au Parlement mais dans l'opposition, avec 6,28 % des voix.

sortie aux banquiers responsables de la crise, tandis que l'Américain moyen doit payer la facture en faisant banqueroute ou en vendant sa maison. Dans leurs slogans et leurs chants, certains manifestants d'Occupy encouragent les banquiers à se suicider en se jetant par les fenêtres des gratte-ciel, comme leurs aînés l'avaient fait en 1929 : « *Jump, you fuckers.* »

À gauche, le slogan des 99 %, « qui ne toléreront plus la cupidité et la corruption des 1 % » de privilégiés n'est pas si éloigné de l'opposition du Tea Party, qui divise l'Amérique « entre les "faiseurs" [*makers*] et les "preneurs" [*takers*] – ceux qui gagnent leur vie et paient des impôts et ceux qui vivent de ce qui est gagné par les autres[1] ». La différence réside dans l'idée pour le Tea Party que les profiteurs sont bien plus nombreux que les 1 % dénoncés par Occupy Wall Street : ils incluent non seulement les élites politiques et financières, mais aussi dans certains cas les immigrés et toute personne qui ne travaille pas dans le secteur « productif » – ce qui inclut bien entendu la classe créative, dont la domination dans les médias et les postes de décision devient de plus en plus manifeste.

Le profil sociologique des militants du Tea Party est également différent de celui d'Occupy Wall Street. Là où ce dernier recrute principalement chez les jeunes, les milieux universitaires et les employés du secteur public, le Tea Party est le mouvement de la petite classe moyenne qui se sent menacée par la crise, à la fois matériellement et culturellement. Là s'arrêtent les différences. En effet, les deux rébellions américaines sont toutes les deux antiélitistes, elles se considèrent comme des mouvements de masse (*grassroots movements*), elles accusent toutes les deux la démocratie

1. John B. Judis, *op. cit.*, p. 56.

libérale des années Clinton-Bush d'être une trahison, voire une fraude, et elles réclament une démocratie plus directe qui protège les honnêtes gens et châtie les profiteurs (définis différemment à droite et à gauche) – ce qui implique une plus grande présence de l'État dans la vie publique. La comparaison ne s'arrête d'ailleurs pas là, puisque les deux partis institutionnels que sont les Démocrates et les Républicains vont également faire tout leur possible entre 2010 et 2012 pour capter les deux révoltes et canaliser leur rage à des fins électorales, accélérant ainsi la polarisation des partis qui avait commencé durant les années 1990[1].

Le Tea Party part à l'assaut du Parti républicain dès les primaires des *midterms* de 2010, et l'impact est tel qu'on voit dès ce moment l'establishment républicain inclure les candidats-renégats dans le leadership du parti pour tenter de contrôler la vague. C'est ainsi que Marco Rubio, dont le bagage idéologique s'avère vite compatible avec celui de la direction du parti, devient le chouchou de l'establishment, tandis que d'autres candidats beaucoup plus conservateurs s'insèrent plus difficilement dans la vie des groupes parlementaires au Congrès et au Sénat. Ironie de l'histoire, c'est un de ces rebelles du Tea Party, le sénateur Ted Cruz, qui sera le dernier à tenter de barrer la route à Donald Trump en 2016.

La gauche n'est pas en reste : si le problème du personnel ne se pose pas immédiatement en raison du leadership de Barack Obama et de la mainmise du clan Clinton sur l'appareil du Parti démocrate, la campagne de 2012 marque un fort tournant à gauche, pour mobiliser l'électorat jeune et les forces militantes

1. Steve Levitsky et Daniel Ziblatt, *How Democracies Die*, New York, Crown Publishing, 2018, p. 146-141.

du mouvement. Comme le rappelle John B. Judis, « aux élections de 2012, Obama a largement repris la rhétorique d'Occupy Wall Street pour attaquer le Républicain Mitt Romney [un entrepreneur et ancien banquier d'affaires]. Et on retrouverait le radicalisme d'Occupy Wall Street sous une forme plus organisée quand un sénateur du Vermont [Bernie Sanders] déciderait de se présenter à l'élection présidentielle de 2016[1]. »

On le voit, la montée en puissance du populisme disruptif est un fait avéré dès la première moitié des années 2010 et, même s'il ne permet pas encore de gagner seul les élections, il peut à gauche comme à droite mobiliser un électorat nombreux et pousser des thèmes jusque-là tabous dans le débat public. La question des similarités entre les mouvements populistes de droite et de gauche nous ramène vers la question des doctrines populistes et le contenu de leur proposition.

La proposition populiste

Les populismes de droite et de gauche ont leurs différences, mais ils ont aussi beaucoup de points communs. On y retrouve le rejet des élites, élément constitutif non seulement des mouvements populistes, mais plus généralement de la grande disruption des années 2010 : en 2016, pendant la campagne du Brexit, le chef de file conservateur Michael Gove avait défini le problème d'une manière qui fit scandale à l'époque mais prit tout son sens après le référendum : « *People in this country are tired of experts* », « les gens de ce pays en ont assez des experts ». Et effectivement, comme le rappelle

1. John B. Judis, *op. cit.*, p. 61.

l'intellectuel britannique David Goodhart, les experts et les élites « ne se sont pas exactement couverts de gloire durant les vingt dernières années : ils ont échoué à prédire la réaction des Irakiens à l'invasion [anglo-américaine de 2003] ; ils ont échoué à prévoir et même à voir arriver la crise financière de 2007/2008, le vote pour le Brexit et l'élection de Donald Trump[1] ». On retrouve aussi chez les populistes cette rage qui s'installe dans l'électorat dans les années 2010. Celle-ci est identifiée grâce aux algorithmes et au *microtargeting* rendu possible par les réseaux sociaux, avant d'être canalisée, fidélisée et transformée en voix au moment des élections. Comme l'explique Arthur Filkenstein, conseiller de Viktor Orbán (entre autres) jusqu'à son décès, en 2017, le « cœur de business [des populistes,] c'est la rage. C'est une grande source d'énergie qui est en train de se développer partout[2]. »

Du populisme spectacle au populisme intellectuel

Enfin, on retrouve également un grand sens du spectacle, qui permet de mettre en scène le leader populiste et les idées qu'il véhicule, mais aussi de prendre à contre-pied l'élite médiatique qui passe son temps à maudire le populisme. Donald Trump parle la langue de la rue mieux que n'importe quel journaliste et cela renforce le contraste entre son style, authentique et proche du peuple, et celui des médias traditionnels, désormais rebaptisés médias « nullitionnels » (*lamestream media*). De même, lorsque Matteo Salvini interrompt une interview en direct à la télévision pour sortir du four à bois

1. David Goodhart, *Head, Hand, Heart*, Londres, Allen Lane, 2020, p. 18.
2. Cité dans Giuliano Da Empoli, *op. cit.*, p. 87.

une pizza traditionnelle[1], il se montre en homme du peuple, ce qui contraste bien entendu avec l'image plus policée des élites de l'establishment, qui elles se la font livrer ou la consomment au restaurant.

Le populisme devient ainsi une vaste mise en scène, un carnaval des émotions où le public frustré, comme dans le théâtre d'antan, est appelé à jouer un rôle et à partager ses angoisses et ses émois. Giuliano Da Empoli, qui a pu assister aux meetings du leader « pentastelliste » Beppe Grillo, décrit ses meetings comme « des one-man-show auxquels le public participait comme s'il était au théâtre : on s'y indignait, on était parfois ému, mais surtout on riait beaucoup. Et tout cela gratuitement[2]... »

Mais si le populisme est un style et son cœur la rage contre les élites, la disruption qu'il veut accompagner est bien plus profonde. Et lorsqu'elle est théorisée, on y retrouve un défi beaucoup plus substantiel à la démocratie représentative que si l'on se concentre sur les pitreries des populistes. Leur critique ne se limite en effet pas seulement aux élites, mais aussi au système sur lequel elles sont censées s'appuyer pour asseoir leur domination. C'est pour cela que Steve Bannon, le sulfureux ancien conseiller de Donald Trump, s'est autoproclamé anarcho-léniniste : « Lénine voulait détruire l'État, et c'est également mon but. Je veux que tout s'écroule, je veux détruire l'ensemble de l'establishment contemporain[3]. »

1. https://www.la7.it/embedded/la7?w=640&h=360&tid=player&content=302816

2. Giuliano Da Empoli, *op. cit.*, p. 171.

3. https://www.thedailybeast.com/steve-bannon-trumps-top-guy-told-me-he-was-a-leninist

Populisme et démocratie

Bien entendu, Bannon montre ici une facette extrême du populisme contemporain, qui va bien plus loin que la simple critique du « crétinisme parlementaire » à la Rosa Luxembourg à laquelle la plupart des populistes nous ont habitués. Il y a néanmoins un élément intéressant dans le discours de Bannon, qu'on retrouve de manière plus ou moins évidente chez les autres populistes : tous sont des dynamiteurs, qu'il s'agisse de Beppe Grillo ou de Matteo Salvini, de Yanis Varoufakis ou de Marine Le Pen, de Viktor Orbán ou de Jair Bolsonaro. Tous cherchent à détruire un système dont ils estiment qu'il ne remplit pas sa fonction première, à savoir rapprocher les citoyens de la prise de décision. Derrière la trahison des élites, qui devient au cours des années 2010 une véritable conspiration (en témoignent l'émergence du phénomène QAnon aux États-Unis et celle du « grand remplacement » en Europe), le populisme cherche à proposer un système alternatif, une démocratie plus vraie, plus authentique, que ce soit sur le modèle « illibéral » professé par Viktor Orbán, ou sur celui fondé sur les réseaux sociaux et les algorithmes, ainsi que le décrit Davide Casaleggio, le fils et héritier de Gianroberto Casaleggio qui prend la suite du business à la mort de ce dernier, en 2016[1].

Dans tous les cas, il s'agit de dépasser le système actuel de démocratie libérale et parlementaire, qui a montré ses limites, en lui substituant un modèle de participation plus direct. La démocratie directe, voilà justement un autre point commun des populistes : il peut s'agir

1. Davide Casaleggio, *Tu sei rete. La rivoluzione del business, del marketing e della politica attraverso le reti sociali*, Milan, Casaleggio Associati, 2012.

de communes capitalistes autogérées comme chez Steve Bannon, d'une symbiose du peuple (dont la composition peut être variable) avec un leader charismatique, véritable « homme-peuple[1] » pour reprendre l'expression de Pierre Rosanvallon, ou encore d'un algorithme permettant la connexion directe entre les élites alternatives et le peuple, canalisant ainsi les envies, les craintes et les aspirations des « petites gens ». Souvent, ces trois éléments de l'idéal se confondent : Viktor Orbán parle dans son discours de 2014 à Băile Tuşnad de « changement de régime », et il est indéniable que l'assise de son parti, le Fidesz, dans la société hongroise est le résultat à la fois d'une emprise du parti sur l'État (au point où les deux parviennent à se confondre) et de son leadership charismatique. Mais il réside également dans la capacité du parti à mobiliser la population par son immense base de données, la « liste Kubatov » (du nom de Gabor Kubatov, qui a construit la liste dans les années 2000 avec l'aide de consultants français et américains). Entièrement légale dans sa constitution, elle contient suffisamment de données sur plus de la moitié des citoyens inscrits sur les listes électorales pour permettre au Fidesz de « prendre la température » de son électorat à la veille des élections par de multiples consultations et pétitions en ligne et par porte-à-porte, avant de le mobiliser pendant la campagne électorale. Bien entendu, puisque le pouvoir administratif est aujourd'hui aux mains du parti, celui-ci peut aussi prendre la température plus discrètement en utilisant d'autres données plus privées, comme celles ayant trait au Covid ou à la vaccination[2].

1. Pierre Rosanvallon, *Le Bon Gouvernement*, Paris, Seuil, 2015.
2. https://www.economist.com/europe/2022/12/01/how-hungary-used-citizens-covid-data-to-help-the-ruling-party

Le populisme n'est donc pas uniquement un style, une opposition entre élites et peuple, ou une simple critique de la démocratie parlementaire, il propose bien un programme, certes limité puisqu'il s'agit de restaurer la « vraie » démocratie par de vieilles méthodes comme le leadership charismatique et ou encore les nouveaux médias. Cette limite ne doit néanmoins pas nous arrêter devant la proposition révolutionnaire du populisme, qui entend en fait refonder le système politique par une désintermédiation aussi poussée que possible entre le *demos* et le *kratos*. D'où la promotion de la démocratie directe, qu'on retrouve aussi bien chez les populistes de gauche issus des mouvements anti-austérité (le slogan des Indignés de la Puerta del Sol, « La vraie démocratie maintenant », en dit long sur leur programme), chez les populistes de droite comme Viktor Orbán, qui fait régulièrement appel à la *vox populi* par le biais de référendums ou de consultations citoyennes, mais aussi chez des hommes politiques plus traditionnels qui peuvent eux aussi recourir à l'instrument à des fins précises. C'est ainsi que Matteo Renzi, qui a toujours balancé entre populisme et légitimisme, mise toute sa carrière et son programme politique sur un référendum constitutionnel en 2016, lequel précipite d'ailleurs sa chute après sa défaite. La consultation nationale est aussi un aspect que l'on retrouve chez Emmanuel Macron – un instrument parfois imposé par les circonstances, comme lors du Grand Débat qui suit la crise des Gilets jaunes, en 2018, mais également choisi, comme lors de la Convention citoyenne pour le climat, en 2019, ou celle sur l'euthanasie, en 2023.

La démocratie, vraiment (?)

Mais si la participation citoyenne est voulue, soit par une grand-messe comme un meeting où l'homme-peuple va faire corps avec son public, soit par le biais des réseaux sociaux qui permettent une communication directe avec l'électeur, celle-ci n'en est pas moins contrôlée, filtrée et même manipulée. L'osmose entre le politicien et son auditoire lors d'un meeting électoral est naturellement une mise en scène, dans laquelle le charisme du chef est sublimé par sa technique oratoire, mais aussi les jeux de lumière, l'atmosphère créée par les ambianceurs, le son ou encore le placement des acteurs et des spectateurs. Quant au référendum, partant du principe qu'on n'y répond jamais à la question posée mais à une autre, la porte est alors ouverte à toutes les manipulations : celles du gouvernant qui appelle au référendum pour contrôler un événement ou un mouvement de foule (Alexis Tsipras avec la consultation contre le plan d'austérité de la Troïka pour maintenir un semblant d'unité nationale derrière lui avant de l'adopter immédiatement après et ainsi faire taire son opposition interne) ; ou encore celles des opposants qui cherchent à utiliser le référendum pour faire tomber le leader au pouvoir (Boris Johnson se positionnant pour le Brexit dans la perspective de remplacer David Cameron au 10 Downing Street).

Du côté de la consultation par le biais des réseaux sociaux, la manipulation est encore plus aisée, dans la mesure où la mécanique derrière la scène de la consultation populaire est cachée au public. Le vote peut ainsi être orienté, voire manipulé, particulièrement lorsque l'électorat est moins nombreux une fois passé le vent frais de la nouveauté. Dans leur enquête sur le

Mouvement Cinq Étoiles et sa plateforme participative Rousseau, les essayistes Nicola Biondo et Marco Canestrari mettent à nu les différents procédés d'orientation des votes du « système Casaleggio » derrière la plateforme[1]. Dans un autre ouvrage plus récent, les journalistes Giulia Pompili et Valerio Valentini montrent comment des votes sur la plateforme Rousseau à propos de la Chine ont même été manipulés *ex post* par les dirigeants du Mouvement Cinq Étoiles pour permettre un repositionnement du parti dans ses affaires étrangères[2]. La démocratie participative populiste est donc bien un exercice sous contrôle, et il n'est souvent pas besoin d'enquêtes approfondies pour l'établir, car les populistes ou les « ingénieurs du chaos » derrière eux n'hésitent pas à revendiquer plus ou moins ouvertement leur stratégie. Dans leur livre sur le système Casaleggio, Biondo et Canestrari peuvent citer à volonté Davide Casaleggio lui-même : dès 2012, il publie un livre, *Tu sei rete* (« Tu es le réseau »), dans lequel il compare les activistes et membres de la plateforme interactive du Mouvement Cinq Étoiles aux fourmis dans une fourmilière : « Il est nécessaire que les participants soient nombreux, qu'ils se rencontrent par hasard et qu'ils n'aient pas conscience des caractéristiques du système dans son ensemble. Une fourmi ne doit pas savoir comment fonctionne la fourmilière, sinon toutes les fourmis souhaiteraient occuper les meilleurs postes et les moins fatigants, créant ainsi un problème de coordination[3]. » Même lorsqu'elle se veut directe, la démocratie doit rester sous contrôle...

1. Nicola Biondo et Marco Canestrari, *op. cit.*

2. Giulia Pompili et Valerio Valentini, *Al cuore dell'Italia. Come Russia e Cina stanno cercando di conquistare il paese*, Milan, Mondadori, 2022, p. 160-164.

3. Davide Casaleggio, *Tu sei rete*, *op. cit.*

S'il n'est pas une révolution idéologique qui cherche à remplacer l'ensemble d'un système par un autre, le populisme n'en a pas moins un caractère révolutionnaire, puisqu'il cherche à dépasser, voire dans certains cas remplacer le système libéral considéré comme inefficace et antidémocratique, voire corrompu. Et il puise une partie de sa force dans le fait qu'il n'est pas aisé de le placer quelque part sur l'échiquier politique : en tant que force révolutionnaire, le populisme est par nature radical, mais il n'est pas assimilable dans le vieux système. Ainsi, le FPÖ autrichien se présente en 2016 comme un parti à la fois nationaliste et social (« *Die Soziale Heimatpartei* »[1]) ; de même, le programme économique de Marine Le Pen en 2012 ou 2017 est assimilé par certains économistes au socialisme, voire à l'extrême gauche[2]. Dans le même temps, le Mouvement Cinq Étoiles reste longtemps inclassable sur l'échiquier politique italien, s'alliant en 2018 avec l'extrême droite de Matteo Salvini, et en 2019 avec la gauche traditionnelle. Il faut dire qu'il s'agit là d'une tactique prisée par les populistes : être inclassable dans les standards de l'ancien monde, briser les totems et les tabous de la politique traditionnelle, ou encore, à l'instar du slogan de Facebook en 2014, « *Move fast and break things* », à savoir « Bouger vite et casser des choses » – on retrouve ici la connexion entre le populisme et la disruption technologique et médiatique de la Silicon Valley.

1. https://ecpr.eu/Events/Event/PaperDetails/47029
2. https://www.encrage.media/economie/marine-le-pen-un-programme-economique-de-gauche-1645561789

Populisme de combat, populisme d'État

Les populistes défient les règles de la politique traditionnelle car, pour nombre d'entre eux, il s'agit d'un véritable combat – contre le système, contre l'establishment et ses institutions, et souvent contre une élite qui les a (en partie) rejetés. « Vous menez une guerre, une guerre pour le pouvoir[1] », avait dit le très conservateur Newt Gingrich à de jeunes militants républicains avant de partir pour Washington en 1978, et c'est un slogan qui aurait pu être repris par n'importe quel leader populiste durant les années 2010. À commencer par Viktor Orbán, le premier à pouvoir accéder seul au pouvoir et à le consolider grâce à la supermajorité des deux tiers du Parlement emportée par le Fidesz en 2011. Celle-ci lui permet de réécrire la Constitution hongroise à sa guise, et de mettre au pas le contre-pouvoir juridictionnel par la nomination de nouveaux juges ou encore par l'expansion de la Cour constitutionnelle de huit à quinze membres[2]. Surtout, sa victoire tout aussi spectaculaire aux élections législatives suivantes, en 2014, donne des ailes à Orbán, lequel va pouvoir se consacrer à voir plus grand, et à développer une doctrine qu'il annonce dès le 26 juillet 2014 dans son discours au festival de Tusványos, à Băile Tuşnad, en Roumanie[3].

Le discours, déjà cité, mérite qu'on y revienne, car il nous renseigne sur les intentions de Viktor Orbán et

---

1. Cité dans Steven Levitsky et Daniel Ziblatt, *op. cit.*, p. 147.
2. Voir *ibid.*, p. 80.
3. La transcription du discours, traduit en anglais, est disponible dans son intégralité sur le site du gouvernement hongrois : https://2015-2019.kormany.hu/en/the-prime-minister/the-prime-minister-s-speeches/prime-minister-viktor-orban-s-speech-at-the-25th-balvanyos-summer-free-university-and-student-camp

plus largement sur la doctrine du national-populisme dont il est le pionnier. Après avoir présenté les succès politiques de ses quatre premières années à la tête du gouvernement, le Premier ministre hongrois part ensuite dans une analyse assez large des changements intervenus récemment et des perspectives futures, à la fois pour la Hongrie et pour le monde. On y retrouve à peu près tous les éléments de la disruption : la crise de 2008 y est décrite comme le point de départ d'un « changement de dynamique des pouvoirs financiers, économiques, militaires et globaux ». On y retrouve également la menace de disparition de la classe moyenne et l'anxiété de ses membres face à l'immigration et à la paupérisation, la montée en puissance de modèles politiques et économiques alternatifs à l'Est, notamment en Chine, en Turquie et en Russie, mais aussi l'idée d'un déclin désormais terminal de l'Occident par la faute du libéralisme, qui doit être abandonné pour fonder un nouveau modèle illibéral : « Ce que cela veut dire, [...] c'est que nous devons abandonner les méthodes et principes libéraux d'organisation de la société, ainsi que notre vision libérale du monde. » Le discours se termine par un récapitulatif de tout ce que la démocratie libérale n'a pas été capable de faire avant son arrivée au pouvoir : « d'obliger les gouvernements munis de pouvoirs constitutionnels de déclarer qu'ils servent l'intérêt national », de « protéger la richesse nationale », de « protéger le pays de la dette publique », etc.

L'État illibéral est donc avant tout un État fort, qui protège les petites gens et non les ploutocrates. Dans sa mission, celui-ci est confronté à un certain nombre d'ennemis, qualifiés d'« obstacles » dans le discours : les organisations de la société civile manipulées par l'étranger en sont un, de même que le processus judiciaire, et bien sûr l'Union européenne. Bien avant le discours d'investiture de Donald Trump, Viktor Orbán pose les bases du national-populisme à Băile Tuşnad, bases qu'il pourra développer dans les années qui suivent, durant lesquelles son type de populisme prend l'ascendant sur tous les autres, avec une vague qui semble alors submerger l'ensemble de l'establishment occidental.

2015-2019 : l'explosion populiste

Une question se pose : pourquoi le national-populisme à la Viktor Orbán prend-il le dessus vers le milieu des années 2010, sans pour autant faire disparaître les autres types de populisme, qui subsistent en France et ailleurs mais quasi systématiquement avec des scores inférieurs ? Une première réponse réside dans l'épuisement relatif du mouvement disruptif de gauche. Sans leader incontesté, celui-ci se perd souvent dans des querelles de chapelles qui se doublent également de querelles de personnes : c'est le cas pour Podemos entre la ligne dure, populiste incarnée par Pablo Iglesias, et celle plus idéologique d'Iñigo Errejón, par exemple ; ou encore à l'intérieur de Syriza au pouvoir entre la ligne révolutionnaire de Yanis Varoufakis et celle, plus politique, défendue par Alexis Tsipras. Les débats internes des mouvements de gauche empêchent souvent l'accouchement d'une doctrine claire. L'expérimentation d'un populisme de gauche seul au pouvoir tourne également court, le gouvernement de Tsipras décidant après huit mois de tensions entre Athènes et Bruxelles de céder aux demandes des créanciers de la Troïka. Rentrés dans le rang et débarrassés des éléments les plus radicaux du parti, Tsipras et Syriza deviennent alors les leaders d'une gauche finalement assez classique, dans la lignée de la trajectoire politique d'Andreas Papandréou dans la Grèce des années 1970 à 1990. Quant au technopopulisme, il ne s'assume que rarement comme un populisme et cherche si souvent à suivre l'opinion publique qu'il devient difficile d'en sortir une véritable doctrine.

La disruption de droite part donc avec un avantage en ce sens qu'elle possède un vrai leadership, qui lui permet d'organiser sa doctrine et de l'énoncer plus clairement. Mais son émergence est aussi facilitée en Europe par le vieillissement de la population (qui correspond aussi à un vieillissement aux États-Unis de l'électorat réel), lequel se traduit par une droitisation de la société[1]. En particulier, une classe moyenne plus âgée et plus conservatrice qui se mobilise plus facilement pour les élections permet aux disrupteurs de droite de disposer d'une assise électorale plus large et plus stable que les autres. Mais surtout, et précisément pour cette catégorie de la population potentiellement tentée par le vote national-populiste, les événements du milieu des années 2010 semblent donner raison aux disrupteurs de droite : c'est l'époque de l'invasion de la Crimée, mais aussi et surtout de la grande vague migratoire de 2015, qui laisse immédiatement des traces dans l'opinion publique, dans la mesure où elle est également associée à la vague d'attentats islamistes qui marque l'Europe de l'Ouest entre la fin 2015 et l'été 2016.

La crise migratoire de 2015 représente bien entendu le grand tournant dans l'histoire du populisme des années 2010, et nous allons y revenir plus longuement.

1. Voir Victor Delage, *La Conversion des Européens aux valeurs de droite. France, Allemagne, Italie et Royaume-Uni*, étude de la Fondapol, mai 2021. Disponible en ligne : https://www.fondapol.org/etude/la-conversion-des-europeens-aux-valeurs-de-droite/

Mais auparavant il est utile de se pencher sur les événements survenus en Ukraine en 2014, avec l'invasion rapide et quasiment sans combat de la Crimée, et le début d'une guerre qui se transformera en un assaut général le 24 février 2022. Ce double événement est révélateur à la fois de la montée en puissance du populisme et de sa symétrie avec l'effort d'influence d'un pays qui est alors considéré comme un nouveau modèle de croissance. Nous sommes avant le krach des matières premières de la fin 2014, et la Russie – dont l'économie s'appuie quasi exclusivement sur l'exportation de pétrole, gaz et pierres ou métaux précieux – a profité du boom pendant plus d'une décennie, permettant à Vladimir Poutine de se présenter comme un homme fort à la tête d'un pays en pleine renaissance, même si celle-ci se limite en fait à Moscou, Saint-Pétersbourg et les quelques îlots de richesse occupés par les oligarques et *siloviki* russes.

Vladimir Poutine voit dans cette image de puissance retrouvée de la Russie une revanche sur la chute de l'URSS, et il compte bien l'exploiter sur le long terme en misant sur des stratégies d'influence en Europe de l'Ouest – notamment en France, aux Pays-Bas, en Italie et en Allemagne. Or, pour faire de l'influence sur le long terme, il faut miser non seulement sur les leaders d'aujourd'hui (dont la vision du monde est déjà bien définie), mais aussi sur ceux de demain, plus malléables que leurs aînés. Et Poutine comprend très vite – dès le référendum sur la Constitution européenne de 2005 en France et aux Pays-Bas – qu'un malaise s'est installé à l'intérieur des sociétés occidentales, un malaise qui va aller croissant au fur et à mesure que les difficultés économiques vont s'accumuler. Pour le Kremlin, ce malaise est une faiblesse que la Russie se doit d'exploiter.

En bon ancien officier du KGB, Poutine ne va pas mettre ses œufs dans le même panier, et il cherchera également à influencer les politiciens du mainstream, notamment la droite française[1], la gauche allemande (par le biais de la tradition de l'Ostpolitik et les milieux d'affaires), et les leaders de droite et de gauche en Italie. Mais une attention toute particulière est donnée aux marges du spectre politique, dont les Russes estiment qu'elles représentent l'avenir. Les vieux réseaux de l'extrême gauche, dormants depuis 1991 et la chute de l'URSS, sont ainsi réactivés et font l'objet d'une stratégie d'influence en vase clos où les messages sont filtrés de manière à correspondre à l'idéal de ce qui va devenir le populisme de gauche : antiaméricanisme, anticapitalisme, image de Vladimir Poutine comme défenseur du petit face à l'oligarchie et à la ploutocratie – c'est le discours qu'on retrouvera dans les rangs de Die Linke, en Allemagne, dès le début des années 2010.

Mais c'est surtout à l'extrême droite que l'effort va porter ses fruits. Le culte de Poutine en tant qu'homme fort fascine nombre de populistes (ou protopopulistes) dès les années 2000, et lorsque les Russes viennent en plus avec des valises pleines de cash pour proposer de financer des partis qui ont du mal à obtenir des prêts du fait de leur marginalité, les relations se nouent très vite. Au fil des rencontres et voyages de dirigeants ou de conseillers influents en Russie, les services du Kremlin peuvent alors distiller leur message, en reprenant les thèses de Pat Buchanan et d'autres : l'Occident est en déclin du fait de l'immigration et de son manque de spiritualité, mais la Russie peut et va le sauver des lubies progressistes grâce à ses forces vives, sa spiritualité,

1. https://www.contrepoints.org/2022/11/15/443127-comment-poutine-a-recrute-la-droite-francaise

et bien sûr le leadership inspiré de Vladimir Poutine. Qu'importe que la fédération de Russie soit peuplée d'un nombre croissant de musulmans (dont la progression démographique alarme régulièrement les stratèges du Kremlin en interne[1]) ou encore que la réalité de la vie hors de Moscou et Saint-Pétersbourg soit bien différente de celle des villages Potemkine montrés par le pouvoir aux visiteurs étrangers, l'image d'une Russie forte, riche et influente avec un leader fort se présente comme le modèle à suivre pour ceux qui s'apprêtent à entrer en scène politiquement. Laure Mandeville le rappelle dans un ouvrage récent sur ces *Révoltés d'Occident*, « l'un des traits récurrents des “révoltes nationales-conservatrices” [...] est précisément ce mélange de fascination et d'aveuglement total dont les leaders ont fait preuve sur le dossier russe. De Donald Trump à Thierry Baudet, en passant par Matteo Salvini, Viktor Orbán, Sebastian Kurz ou Marine Le Pen, la similitude d'approche est même tout à fait frappante[2]. »

Cette similitude s'explique à la fois par l'unité de la stratégie d'influence russe, mais aussi celle de l'image que renvoie Vladimir Poutine à un moment où il croit possible de rendre à la Russie une place centrale dans le nouvel ordre international qui doit se constituer à la faveur de la montée en puissance chinoise et du déclin américain. L'heure est alors à la constitution d'une Union économique eurasienne, grand projet du Kremlin pour réintégrer progressivement les anciens membres de l'URSS dans le giron de la Russie, et faire de ce bloc géographique une aire absolument incontournable dans

1. Voir Bruno Tertrais, « Le viol de l'Ukraine », article du 22 février 2022 pour *Le Grand Continent* : https://legrandcontinent.eu/fr/2022/02/22/le-viol-de-lukraine/

2. Laure Mandeville, *op. cit.*, p. 201.

la construction de liens commerciaux entre la Chine et l'Europe. En d'autres termes, Poutine voit l'Union eurasienne comme un grand Empire mongol disposant d'un monopole en tant qu'intermédiaire du trafic entre Orient et Occident. Et pour le succès de cette union, l'Ukraine est une pièce absolument cruciale, une véritable fenêtre sur l'Europe. Mais c'est aussi un pays qui depuis 1991 n'a cessé de s'éloigner de l'orbite de Moscou et s'intègre de plus en plus dangereusement au système économique européen. Profitant de la corruption vertigineuse du régime du président Viktor Ianoukovytch, installé à Kiev depuis son élection, en 2010, le pouvoir russe cherche alors à arrimer complètement et définitivement l'Ukraine à la Russie, et manque de peu d'y parvenir.

C'est le renoncement du président ukrainien à un accord d'association avec l'Union européenne qui met le feu aux poudres et déclenche la révolution populaire de Maïdan, en 2014. Celle-ci conduit à un changement de régime à Kiev et à la signature, cette fois-ci définitive, de l'association avec l'Europe. Les Russes profitent alors du chaos postrévolutionnaire pour déclencher la guerre hybride qui leur permet dans un premier temps de prendre la Crimée grâce aux « petits hommes verts », mystérieux soldats apparus soudainement dans toutes les zones clés de la presqu'île pour en prendre le contrôle et organiser l'annexion à la Russie, avant de mettre le Donbass à feu et à sang dans une guerre (à peine) masquée qui se transforme en invasion pure et simple, en 2022.

En 2014, la prise de la Crimée, sans effusion de sang et par une opération militaire qui semble alors avoir été menée de main de maître, renforce l'aura de Vladimir Poutine. L'image de l'homme fort, joueur d'échecs et grand stratège, prend alors forme au sein de l'extrême droite occidentale, qui voit en lui un exemple de puissance qui semble trancher avec le leadership verbal d'un

Barack Obama ou d'un François Hollande, lequel semble cacher une vraie faiblesse. La force brute et l'intelligence tactique contre le verbe impuissant des libéraux occidentaux, voilà un contraste qui plaît aux populistes qui voient dans le modèle poutinien un exemple à suivre : avec lui, la décadence et la soumission ne sont pas des fatalités. Des politiques comme Matteo Salvini, Marine Le Pen, Geert Wilders et d'autres font ainsi la queue pour être reçus par le maître du Kremlin et se voir définis par les médias prorusses comme les représentants de l'avenir face à une décadence occidentale symbolisée par l'impuissance de la France ou des États-Unis au Proche-Orient. L'opinion publique occidentale est d'ailleurs marquée par l'intervention russe en Syrie, dont la propagande est savamment orchestrée pour donner l'image d'une sainte Russie protectrice de la chrétienté et de la culture occidentale (pensons au concert classique du théâtre Mariinsky dans les ruines de Palmyre, en 2016), tandis que l'Occident est accusé de ne rien faire, par faiblesse, par lâcheté et même par complaisance pour les islamistes (Marine Le Pen accuse alors la France d'être la « catin du Qatar[1] »).

Cette image de faiblesse se retrouve renforcée en 2015 avec le début de la vague terroriste de l'État islamique en Europe de l'Ouest (les attentats contre *Charlie Hebdo* ont lieu le 7 janvier 2015 et les attaques vont se succéder en France et ailleurs jusqu'à la fin 2016), et surtout la vague migratoire de l'été 2015. Les images de milliers de migrants sur les routes d'Europe, accueillis de manière plus ou moins organisée et avec peu de contrôles alors qu'une campagne terroriste est en train de toucher l'Europe, divisent l'opinion publique bien

1. https://www.europe1.fr/politique/Le-Pen-la-France-est-la-catin-du-Qatar-589764

plus profondément qu'on le perçoit alors. Le nombre et l'origine des migrants ravivent les craintes de perte du patrimoine immatériel – celles là même qui ont alimenté durant les années précédentes le populisme de droite. Mais c'est plus encore l'impression de chaos, de perte de contrôle qui marque l'opinion publique. Angela Merkel a beau montrer que la tâche n'est pas impossible avec son discours du « *Wir schaffen das !* » (« Nous y arriverons ! ») de l'été 2015, l'image qu'une portion non négligeable de la population retient de l'événement est celle d'un chaos importé de l'extérieur qui s'apprête à ravager la société européenne et à la changer en profondeur. Rappelons que, en France, 2015 est également l'année de parution de *Soumission*, le livre à succès de Michel Houellebecq qui relate la conversion du personnage principal à l'islam sur fond de guerre civile et de prise du pouvoir islamiste.

L'image de la perte de contrôle et d'altération irréversible est bien entendu relayée et amplifiée par les populistes qui, depuis des années voire des décennies, tempêtent contre les dangers d'une immigration venue des pays musulmans. La grogne sourde se transforme en colère noire lorsque la vague d'attentats atteint son pic, avec les attaques du Stade de France et du Bataclan, le 13 novembre 2015, quelques mois après le pic de la crise migratoire, suivis quatre mois plus tard des spectaculaires attentats de Bruxelles (26 mars 2016), d'une attaque au camion bélier à Nice (14 juillet 2016) et enfin d'une attaque au couteau à l'église Saint-Étienne-du-Rouvray (26 juillet 2016), où les assaillants égorgent le père Hamel. Qu'importe si la plupart des terroristes sont en fait nés en Europe, l'amalgame est vite fait entre immigration et terrorisme, et ce d'autant plus qu'en ce qui concerne les attentats du 13 novembre les terroristes se sont bien infiltrés parmi les migrants pour commettre les attentats après une formation dans les camps de Daesh. De plus, et quels que soient par ailleurs les efforts d'intégration de part et d'autre, il devient également vite clair qu'un certain nombre de problèmes se pose avec les nouveaux arrivants, et notamment les jeunes hommes. Le scandale ne réside pas seulement dans les cas d'agression sexuelle qui se multiplient en Suède (en particulier durant les festivals d'été[1]) et en Allemagne (notamment pour la soirée du Nouvel An[2]), mais aussi dans le fait que, dans nombre de cas, l'establishment politique et médiatique tente dans un premier temps de minimiser l'ampleur du phénomène, voire de le nier[3].

C'est dans ce contexte que se rouvre le débat sur l'immigration, alors que les faits semblent donner raison aux disrupteurs, et ceux-ci se présentent alors comme des Cassandre qu'il est temps d'écouter. On se rend compte, avec le politologue bulgare Ivan Krastev, de toute la dangerosité à avoir si longtemps formé ce tabou sur un fait politique et sociologique aux conséquences plus débattables que certains l'auraient voulu : « La résistance de ces libéraux à concéder le moindre effet négatif de l'immigration a favorisé la montée d'une réaction anti-establishment qui continue de convulser notre vie politique[4]. » On assiste donc à une polarisation sur la question même des migrants, mais

1. https://www.lefigaro.fr/flash-actu/2016/07/05/97001-20160705FILWWW00376-suede-reactions-apres-des-agressions-sexuelles-impliquant-des-migrants.php

2. https://www.lesoir.be/art/1089787/article/actualite/belgique/2016-01-10/violences-cologne-nombre-plaintes-depasse-500

3. https://www.lesoir.be/art/1101690/article/actualite/monde/2016-01-23/allemagne-agressions-du-nouvel-an-plus-etendues-qu-initialement-annonce

4. Ivan Krastev, *After Europe*, Philadelphie, University of Pennsylvania Press, 2017, p. 50.

celle-ci se superpose à d'autres divisions sociologiques et culturelles qui ont émergé depuis quelques années : baby-boomers/*millenials*, ruraux/urbains, diplômés/non-diplômés, et surtout élites/gens ordinaires. Le fossé semble s'être creusé d'un coup et si, pour reprendre l'expression utilisée par la journaliste du *Figaro* Laure Mandeville, « le peuple n'écoute plus ses élites[1] », on peut avec Yascha Mounk en dire de même des élites à l'égard du peuple : « Les élites se sont emparées du système politique et l'ont rendu de plus en plus sourd : les puissants sont de moins en moins nombreux et de moins en moins décidés à céder aux vues du peuple. C'est ainsi que le libéralisme et la démocratie, les deux éléments cruciaux de nos systèmes politiques, sont désormais entrés en conflit[2]. »

Dans ce contexte, Viktor Orbán peut s'en donner à cœur joie et fustiger les élites bruxelloises qui n'ont décidément rien compris et qu'il convient de forcer à voir la réalité en face. Pour ce faire, le Premier ministre hongrois n'hésite pas à entasser les migrants qui doivent changer de train en gare de Budapest autour de la gare de Keleti (alors que des villages de tentes, vides, attendent d'accueillir des migrants aux alentours de la ville), aux yeux de tous les Hongrois, pour faire passer son message et obliger les Allemands, qui estiment déjà faire face à un trop-plein, à accueillir « leurs » migrants avant de fermer la frontière. L'effet est dévastateur, en Hongrie comme dans l'opinion publique européenne. Le dirigeant populiste réussit là son opération de disruption et met à nu toutes les contradictions des Européens de l'Ouest qui, sous couvert d'humanité, semblent vouloir

1. Laure Mandeville, *op. cit.*, p. 49.
2. Yascha Mounk, *Le Peuple contre la démocratie*, Paris, Éditions de l'Observatoire, 2018, p. 25.

« imposer » des migrants aux centre-Européens, lesquels font face à de graves menaces démographiques dans l'indifférence générale.

Dès lors, on assiste à une hécatombe, qui commence dès l'automne 2015 avec la défaite aux élections législatives polonaises de la Plateforme civique libérale. Celle-ci permet au parti conservateur Droit et Justice (PiS), de Jarosław Kaczyński, d'accéder seul au pouvoir. Le PiS est un grand parti composé de multiples sensibilités qui ne sont pas toutes populistes, mais, à ce moment précis, Kaczyński a clairement fait le choix d'une orientation révolutionnaire, et c'est pourquoi il met sur le devant de la scène la très disruptive Beata Szydło, qui devient présidente du Conseil des ministres. L'objectif est alors de « faire de Varsovie une nouvelle Budapest[1] », et les deux capitales se coordonnent comme jamais, y compris pour mener le combat contre Bruxelles. Dans le même temps, populistes et disrupteurs s'en donnent à cœur joie dans les médias : en juillet 2016, quelques jours après les attentats de Nice, le candidat à la présidentielle américaine Donald Trump déclare que « la France n'est plus la France[2] » ; et Viktor Orbán de répondre qu'il agit pour faire en sorte que « la Hongrie reste la Hongrie[3] ».

C'est dans ce climat délétère qu'ont lieu en 2016 un certain nombre d'élections tests, alors que les militants de la nouvelle gauche américaine (on n'ose pas encore dit « *woke* ») fustigent sur les plateaux de télévision le racisme des Européens, et notamment celui des Français qui veulent interdire le burkini sur la plage. Toutes

---

1. https://www.ft.com/content/0a3c7d44-b48e-11e5-8358-9a82b43f6b2f

2. https://www.francetvinfo.fr/monde/usa/donald-trump-un-ami-ma-dit-la-france-nest-plus-la-france_3062007.html

3. https://www.iir.cz/orban-s-anti-immigration-manifesto-sweeping-away-the-hungarian-democracy

devaient être des promenades de santé pour l'establishment ; toutes se transforment en déroutes pour les élites. En juin 2016, les Britanniques se prononcent sur le maintien du Royaume-Uni dans l'Union européenne ; la campagne du référendum se transforme vite en un débat sur l'immigration alors que l'Europe continentale donne l'impression d'être une passoire et que le malaise grandit à voir la proportion de résidents britanniques nés à l'étranger frôler les 15 %[1]. La température monte et la campagne est ponctuée d'incidents dramatiques incluant le meurtre de la députée travailliste Jo Cox. Au final, à la surprise générale, le Brexit l'emporte avec 51,89 % des voix, forçant les élites britanniques à mener une politique qu'elles ne veulent pas conduire.

Quelques semaines auparavant, en Autriche, le candidat du FPÖ, d'extrême droite, Norbert Hofer, manque de peu de se faire élire président de la République – de si peu qu'il force le second tour à être rejoué au mois de décembre, à la suite d'irrégularités découvertes dans le contexte d'un vote très serré. Il perdra plus largement ce second second tour, mais le faible écart de voix montre à quel point les vieilles élites autrichiennes ont été secouées, et ce d'autant plus que le candidat qui devient président de la République d'Autriche, Alexander Van der Bellen, est un indépendant soutenu par le parti des Verts, lesquels ne dépassent alors que péniblement les 10 % dans les sondages. Autre signe du malaise, les deux partis traditionnels que sont le Parti populaire autrichien (ÖVP) et le Parti social-démocrate autrichien (SPÖ) sont balayés dès le premier tour. C'est la première fois dans l'histoire de la république d'Europe centrale qu'aucun des deux partis de gouvernement n'est présent au second

1. Source : Observatoire britannique des migrations, https://migration-observatory.ox.ac.uk/resources/briefings/migrants-in-the-uk-an-overview/

tour de l'élection présidentielle, et les élections législatives, prévues pour 2018, approchent.

Mais le plus spectaculaire, quelque chose « d'encore plus énorme que le Brexit », aux dires du protagoniste, reste à venir : le 8 novembre 2016, Donald Trump est élu président des États-Unis, après une campagne qui restera dans les annales de l'histoire américaine comme l'une des plus bizarres et des plus vitrioliques de l'histoire moderne. Certes, la victoire est étriquée : elle se joue à quelques milliers de voix dans une poignée d'États de la *Rust Belt*, cette zone postindustrielle qui s'affaiblit économiquement depuis les années 1980 et qui a dû souffrir la crise de 2008 en silence. Mais la victoire est là, et elle sonne comme un coup de tonnerre dans l'establishment mondial : comment a-t-on pu en arriver à ce gigantesque doigt d'honneur levé en direction des élites de Washington par une population (ou tout du moins une partie de la population) qui a visiblement mal pris le fait d'être taxée de « déplorable » par Hillary Clinton simplement parce qu'elle rechignait à voter pour elle[1] ?

La victoire de Donald Trump marque un tournant à la fois dans l'histoire du populisme et dans celle, plus large, de la grande disruption politique des années 2010. D'abord parce qu'elle ouvre le champ des possibles et brise le mythe du plafond de verre : si la plus grande puissance du monde, qui s'autodéfinit souvent comme la fameuse « ville lumineuse sur la colline » du libéralisme sombre dans l'illibéralisme, alors il n'y a plus de limites, et tous les pays sans exception peuvent également basculer dans le populisme. La suite des événements semble le confirmer : en 2017, si la France, les Pays-Bas et l'Allemagne enregistrent des

1. https://www.washingtonpost.com/news/the-fix/wp/2016/09/26/voters-strongly-reject-hillary-clintons-basket-of-deplorables-approach/

victoires pour l'establishment, les populistes de droite Geert Wilders, Marine Le Pen et l'AfD atteignent des niveaux de soutien record.

Quelques mois plus tard, la République tchèque bascule vers le populisme quand le milliardaire Andrej Babiš (pourtant à la tête d'un parti centriste qu'il a lui-même créé et fait adhérer aux libéraux d'ALDE) remporte les élections et devient Premier ministre, tandis que le président Miloš Zeman sombre de plus en plus clairement dans le populisme de gauche. En 2018, c'est au tour de l'Italie de basculer, avec la victoire électorale et la formation inédite d'un gouvernement regroupant deux mouvements populistes, la Lega de Matteo Salvini et le Mouvement Cinq Étoiles de Beppe Grillo. Quelques mois après sa prise de fonction, le gouvernement signe un accord avec la république populaire de Chine pour rentrer dans le projet des routes de la soie promu par Pékin, preuve parmi tant d'autres que les populistes chevauchent une disruption politique bien plus étendue que la seule rébellion des électorats occidentaux. Le monde est en train de changer, et les populistes se sentent investis d'une mission, accompagner les évolutions que les élites traditionnelles n'ont pas réussi à anticiper.

Quelques mois après la victoire des populistes en Italie, les *midterms* américaines consacrent l'emprise de plus en plus forte du clan Trump sur l'establishment républicain, obligé de souscrire à ses desiderata sous peine de faire face à une rébellion de l'électorat, tandis que les Démocrates doivent également gérer une fronde de plus en plus puissante de leur aile gauche, incarnée par Alexandria Ocasio-Cortez et le *Squad*, équivalent à gauche du *Freedom Caucus* rassemblant les élus républicains les plus à droite. À l'automne, c'est la France qui bascule dans l'incertitude avec la jacquerie des Gilets jaunes.

L'année 2019 n'est pas plus calme, avec des élections européennes marquées par des scores très élevés pour les partis d'extrême droite et d'extrême gauche, et dans le même temps un affaiblissement des deux partis traditionnels que sont le Parti populaire européen (PPE) et le Parti des socialistes européens (PSE). À l'issue du scrutin, ceux-ci ne disposent plus d'une majorité à eux deux, et ils doivent donc se résigner à faire appel à ALDE et au groupe Renaissance pour pouvoir disposer d'une majorité au Parlement européen. Au Royaume-Uni, la curée est telle pour les Conservateurs, relégués à la cinquième place avec tout juste 8 % des voix, très loin derrière le Parti du Brexit de Nigel Farage et ses 30,74 %, que Theresa May est contrainte à la démission, ouvrant la voie à une purge à l'intérieur du parti et à la prise du pouvoir de Boris Johnson. Ce dernier, après avoir brillamment gagné les élections législatives de 2019, parvient enfin à trouver un accord avec l'Union européenne pour ce qui reste un Brexit « dur », effectif le 1er février 2020.

Les années 2015-2019 sont donc celles d'une vague populiste qui semble alors quasiment inarrêtable, tant elle secoue l'establishment, même lorsque les disrupteurs perdent les élections : le jour de sa défaite en 2017, Geert Wilders ne relativisait-il pas en clamant qu'il avait en fait gagné le débat public ? Ne pouvait-on d'ailleurs pas lui donner raison, tant les thèmes qu'il explorait jusque-là seul dans son coin, et en particulier l'immigration, étaient désormais repris par les partis de l'establishment ? Cette question pose à son tour le problème de la réaction des élites en place durant les années 2010, et celle-ci – ou plutôt la diversité de celles-ci – nous renseigne sur la panique qui s'est progressivement emparée d'elles.

L'establishment face aux populistes : stratégies de gestion de la disruption

La période qui suit l'année 2016 est marquée par une introspection à peu près générale dans les rangs de l'establishment : il est alors clair que la stratégie de *containment* qui avait jusque-là fait consensus est désormais caduque, et que de nouvelles solutions doivent être trouvées pour éviter que la vague populiste de 2016 se transforme en raz-de-marée à l'horizon 2020. Le changement de discours à la fin de l'année 2016 est palpable, dans la mesure où certains membres de l'establishment comme Guy Verhofstadt n'hésitent pas à reprendre certaines caractéristiques du discours populiste pour proposer un libéralisme « de combat » ou « d'extrême centre », selon les mots de certains de ses conseillers de l'époque. L'adoption d'une rhétorique particulièrement musclée du libéral néerlandais Mark Rutte sur l'islam et l'immigration lors de la campagne électorale du printemps 2017 et les discours sur une nouvelle « souveraineté européenne » d'Emmanuel Macron vont dans le même sens.

Les membres de l'establishment sont ainsi contraints de former des stratégies plus cohérentes pour s'adapter et contrer les populistes. La première, qui consistait à plus ou moins les ignorer en les traitant comme des excentriques cryptomarxistes ou cryptofascistes, a vite montré ses limites ; elle est même devenue impossible dans les années 2010 du fait de la masse électorale critique atteinte par les candidats disruptifs. Les partis traditionnels ont donc eu le choix entre quatre autres stratégies, qu'ils ont pu tester alternativement, ou même parfois en même temps : le cordon sanitaire, la main tendue, le drapeau blanc et enfin l'étreinte.

Le cordon sanitaire

La première stratégie, finalement assez complémentaire de celle de l'évitement, est celle du cordon sanitaire, plus connue dans l'Hexagone sous le nom de « front républicain ». Il ne s'agit pas encore de faire sortir les disrupteurs de la catégorie des excentriques, mais on reconnaît déjà leur popularité et de ce fait leur dangerosité. Le reste de la classe politique se met alors d'accord pour isoler le disrupteur, et s'assurer qu'aucun accord ne sera signé avec lui. Outre l'exemple français du front républicain, on peut également citer celui des Pays-Bas pendant une grande partie des années 2000 et 2010 (à l'exception de la période 2010-2012), ou encore la règle d'or encore en vigueur à l'intérieur de la CDU allemande de ne pactiser sous aucun prétexte avec l'AfD, avec une politique similaire à gauche au SPD à l'égard de Die Linke au niveau national. Néanmoins, on a pu voir toutes les limites de cet exercice ces dernières années : en Allemagne, le consensus sur le cordon sanitaire s'est effrité d'abord à gauche, et des accords ont déjà été trouvés entre le SPD et Die Linke au niveau des Länder pour gouverner dans l'est de l'Allemagne, notamment à Berlin et en Saxe-Anhalt. La tentation existe également à droite, puisqu'une très brève présidence libérale a pu s'exercer en Thuringe grâce à une coalition de voix de députés CDU, FDP et AfD en 2020 (cela pour barrer la route au ministre-président Die Linke Bodo Ramelow[1]).

1. https://www.dw.com/en/left-party-politician-bodo-ramelow-wins-key-german-state-vote/a-52635758

Le cordon sanitaire est utile pour désigner l'adversaire comme antidémocratique et irresponsable. Mais cette stratégie s'avère limitée dès lors que les populistes atteignent un niveau de soutien élevé, et qu'ils bénéficient en plus d'une forte dynamique dans laquelle ils siphonnent les voix des partis traditionnels. Plus le niveau de soutien est élevé, et plus il devient difficile de gouverner sans les populistes. L'autre option, la grande coalition, peut être utile en temps de grand danger, mais celle-ci doit avoir une fin pour un retour à la vie normale et au débat droite-gauche, sans quoi celui-ci est remplacé par le débat populistes-establishment, dans lequel les partis traditionnels sont forcément à la peine. Comme le soulignait déjà en 2013 Dominique Reynié, les populistes forcent alors « les partis de gauche et de droite à gouverner ensemble à seule fin de leur barrer la route, ce qui ne manque pas de précipiter le discrédit des gouvernements modérés[1] ».

La main tendue

À partir du milieu des années 2010, la stratégie du cordon sanitaire devient véritablement intenable dans nombre de pays, et appelle à des stratégies alternatives. L'une d'entre elles est la politique de la main tendue, à savoir une tentative de cooptation des partis d'extrême droite ou d'extrême gauche en leur proposant d'entrer au gouvernement en position de *junior partner*. La logique pour les partis classiques est de mettre face à ses responsabilités le populiste, lequel se retrouve face à un choix cornélien : il peut goûter aux plaisirs de l'exercice du pouvoir, aux voitures de fonction et aux cossus bureaux ministériels, auquel

1. Dominique Reynié, *Les Nouveaux Populismes*, *op. cit.*, p. 349.

cas il perdra de son aura disruptive et donc une partie de son électorat (à l'intérieur du Mouvement Cinq Étoiles, Luigi Di Maio en est un parfait exemple) ; ou alors il peut rester disruptif, mais sa présence au gouvernement deviendra tellement intenable qu'il devra rapidement en sortir, ce qui nuira également à son image. Si l'exemple le plus frappant de cette technique reste la cooptation de l'extrême droite autrichienne par Wolfgang Schüssel dans les années 2000, une autre expérience remarquable nous vient de Norvège, où la conservatrice Erna Solberg a gouverné pendant sept ans avec le Parti du progrès de Siv Jensen, le faisant entrer dans le jeu du gouvernement, avec tous ses compromis et toutes ses compromissions. Le résultat électoral, un effritement progressif mais réel du Parti du progrès (22,9 % en 2013, 11,6 % en 2021), peut être considéré comme un réel succès pour le parti de Solberg, Høyre, même s'il n'a pas fait disparaître le problème : en 2020, face à une nouvelle chute dans les sondages, les disrupteurs se retirent de la coalition et se dotent d'un nouveau leader. La cure d'opposition permet quasi immédiatement au parti de reprendre des forces, et de retrouver un peu de la popularité perdue progressivement dans les années 2010. Après un trou noir aux élections de 2021, où il perd sa troisième place dans le paysage politique norvégien, le Parti du progrès retrouve vite sa popularité dès 2022 et pointe aujourd'hui entre 12 % et 14 % dans les sondages[1].

D'autres exemples de coalitions avec des disrupteurs en *junior partners* existent à travers l'Europe, tous dans des démocraties parlementaires où les partis sont obligés de gouverner en coalition : en Espagne, Pedro Sánchez gouverne à partir de janvier 2020 avec

1. https://www.politico.eu/europe-poll-of-polls/norway/

les populistes de Podemos, et il semble que cette expérience du pouvoir ait eu un coût pour le parti d'extrême gauche, qui a dû se dissoudre dans une autre liste d'extrême gauche (Sumar) pour se maintenir autour de 12-13 % aux élections de 2023, alors qu'il flirtait avec les 20 % lors des élections de 2015, et avec les 15 % à celles d'avril 2019[1]. L'autre exemple est la décision du Premier ministre néerlandais, Mark Rutte, de former un gouvernement minoritaire entre 2010 et 2012 avec le soutien du PVV de Geert Wilders, mais sans sa participation. Là aussi, on constate un décrochage du parti populiste néerlandais après sa prise de responsabilités, comme l'attestent ses résultats aux élections de 2010 (15,4 %) et 2012 (10 %).

Le nombre important d'expériences de la main tendue nous permet d'en tirer quelques conclusions générales. La première, c'est que la stratégie fonctionne à court terme pour contenir les populistes : dans tous les cas précédemment cités, on a effectivement assisté à des tensions à l'intérieur du parti populiste sur la participation ou non au gouvernement, et des pertes significatives de popularité. Le problème, c'est que ce genre de tactique n'a pu être testé que dans des démocraties parlementaires, où les acteurs sont habitués à former des coalitions pour gouverner. Des pays comme la France ou le Royaume-Uni, avec des systèmes majoritaires où le vainqueur d'une élection emporte tout ou presque, ne semblent pas être en mesure à l'heure actuelle de proposer une variante réelle de cette stratégie. Enfin, le principal problème de la main tendue est que si elle peut fonctionner une fois, elle ne résout pas le problème : le parti populiste n'a disparu dans aucun des cas cités, et c'est assez normal dans la mesure où les

1. https://www.politico.eu/europe-poll-of-polls/spain/

problèmes qui ont fait naître la disruption dans l'électorat continuent de se poser. On peut même se demander si à long terme la stratégie n'est pas contre-productive, en banalisant la participation des mouvements disrupteurs au gouvernement : dans le cas des Pays-Bas et de l'Autriche, les populistes ont appris de leur expérience et sont revenus plus forts quelques années plus tard, forçant de nouveau l'establishment à une stratégie du cordon sanitaire. La main tendue n'est donc pas sans inconvénient, et elle ne constitue certainement pas une formule magique pour faire disparaître le populisme.

Le drapeau blanc

Une autre stratégie, beaucoup plus risquée pour l'establishment, est celle du drapeau blanc. On a pu la voir mise en place par l'establishment républicain aux États-Unis après la victoire de Donald Trump à la primaire du parti en 2016, et encore plus clairement après celle de l'élection présidentielle de la même année ; ou encore en 2019 en Italie lorsque le Parti démocrate s'est joint au Mouvement Cinq Étoiles pour barrer la route à Matteo Salvini et former un gouvernement de coalition sous l'égide de Giuseppe Conte. Dans ces deux cas, l'establishment est obligé de s'avouer vaincu et rallie donc le disrupteur en position de faiblesse, généralement par un mélange d'intérêts individuels ou collectifs, mais également dans l'espoir de pouvoir diluer ou contrôler la disruption.

Les deux dynamiques étaient clairement présentes aux États-Unis, où la double victoire de Donald Trump a d'abord mis l'establishment républicain dans l'embarras avant que ce dernier se rallie, bon an mal an, au président élu. Le milliardaire avait été élu candidat du parti dans une convention républicaine électrique au cours de laquelle l'establishment avait fait une dernière tentative pour le détrôner[1]. En fin de campagne, Trump avait été fortement critiqué par les élites républicaines après le scandale qui avait suivi la publication d'une conversation privée avec le présentateur de l'émission *Access to Hollywood* dans laquelle le candidat avait utilisé un langage particulièrement ordurier à propos des femmes. Mais après sa victoire surprise, le 8 novembre 2016, il fallait bien se rendre à l'évidence, Trump était aux commandes, il était le leader du parti, et surtout il avait entre ses mains un pouvoir immense, celui de nommer plus de 4 000 fonctionnaires du gouvernement fédéral – incluant ambassadeurs, procureurs et directeurs des agences indépendantes du gouvernement. À plus long terme, son emprise sur le parti était encore plus forte : avec la base de l'électorat républicain conquise, il lui était facile de briser la carrière de ses opposants en soutenant un autre candidat à la primaire. Le choix était clair : la mort politique ou le ralliement. C'est ainsi que la plupart des Républicains se rallièrent, plus ou moins sous la contrainte, au trumpisme, les quelques exceptions comme John McCain faisant figure d'extraterrestres, soit parce que leur carrière était derrière eux, soit parce qu'ils n'avaient pas besoin du soutien de Donald Trump pour se maintenir dans leur circonscription. Dans les deux cas, ils furent très peu nombreux. La trumpisation du parti était en marche, et il y a peu de doutes qu'elle ait été encore plus aboutie aujourd'hui si Donald Trump avait été réélu en 2020.

En Italie, l'équilibre des forces fut un peu moins en défaveur de l'establishment. Certes, le Parti démocratique (PD) était clairement le parti minoritaire, et il avait

1. https://www.npr.org/2016/07/21/486855211/worst-possible-place-worst-possible-time-trump-cruz-feud-flares-anew

été défait une année plus tôt aux élections législatives. Mais un an après leur franche victoire électorale et la formation d'une coalition doublement populiste avec la Lega de Matteo Salvini, les « pentastellistes » étaient à la peine dans les sondages, le manteau de la disruption ayant été endossé de manière beaucoup plus visible par leur partenaire de coalition. L'inversion des rôles était telle qu'en cas d'élections législatives anticipées, voulues par Salvini, ce dernier aurait probablement été en mesure de gouverner seul, sans l'apport d'aucun autre parti. Le Mouvement Cinq Étoiles n'avait pas d'autres options pour empêcher une élection anticipée et barrer la route à la Lega que de pactiser avec les partis traditionnels, et donc un Parti démocrate (PD) qui réussit à négocier une parité stricte à l'intérieur du gouvernement, avec neuf ministres démocrates pour neuf ministres pentastellistes. Après l'année de grande disruption qu'avait vécue l'Italie, le retour du Parti démocrate au pouvoir sonnait comme un retour à une certaine normalité, avec une coalition désormais clairement à gauche qui ne cherchait plus à renverser la table.

C'est ainsi que le PD réussit à limiter pendant deux ans la disruption, et même à commencer à ramener le Mouvement Cinq Étoiles vers le centre – l'idée, bien italienne, était alors de « romaniser les barbares », en référence à l'intégration des guerriers et populations lombardes, wisigothes et vandales dans le système de la péninsule à l'époque des grandes invasions. Le PD réussit effectivement à modérer la disruption, mais pas suffisamment pour normaliser complètement la politique ou le personnel du gouvernement. On ne trouva certes plus de ministres pentastellistes pour aller soutenir les Gilets jaunes en France, mais le PD ne réussit pas non plus à renverser le processus de rapprochement vers la Russie et la Chine, tant et si bien qu'au moment de la crise de la Covid, la Botte se retrouva particulièrement vulnérable aux opérations d'influence et d'espionnage des services russes et chinois[1]. Même dans des conditions optimales comme celles de l'Italie en 2019, la stratégie du drapeau blanc n'est pas sans risque : le disrupteur reste à chaque instant le maître du jeu, et l'establishment ne peut dès lors que chercher à contenir le populisme sans pour autant être capable de lui barrer la route en toutes circonstances.

C'est ce qui advint de manière encore plus évidente aux États-Unis pendant l'ère Trump, où l'establishment républicain laissa passer nombre de déclarations et de politiques du disrupteur en chef en échange de quelques victoires sur le plan fiscal et, pour les conservateurs sociaux, d'un effort spécifique sur les cours fédérales et fédérées pour remettre en cause un droit constitutionnel à l'avortement. Le « deal » put tenir quasiment jusqu'au bout, et sans doute aurait-il conduit à la trumpisation totale de l'establishment si le président-candidat l'avait emporté en 2020. Néanmoins, les élites du parti surent, avec les Démocrates, empêcher Donald Trump de voler l'élection en refusant d'aller « chercher les voix manquantes » dans les États clés où l'écart était minime et aurait pu faire basculer l'élection ; il faut également rappeler que le vice-président Mike Pence, qui aurait pu céder aux pressions intenses des trumpistes pour refuser de valider l'élection en prétextant une fraude jamais prouvée, sut manœuvrer avec d'autres membres de l'establishment comme Mitch McConnell et bien sûr les Démocrates pour que la certification des résultats ait bien lieu, même dans les circonstances extrêmes du 6 janvier 2021. Aux États-Unis comme ailleurs,

1. Giulia Pompili et Valerio Valentini, *op. cit.*

si les fous avaient pris le contrôle de l'asile, ces derniers n'étaient pas non plus laissés totalement sans surveillance.

L'étreinte

La stratégie du drapeau blanc est donc extrêmement risquée, et elle ne peut décemment se concevoir qu'en cas de victoire des disrupteurs dans une élection, qu'elle soit primaire ou nationale. C'est justement pour l'éviter que certains stratèges politiques ont adopté la dernière stratégie, l'étreinte. Sa philosophie est simple : puisqu'il n'est pas possible de se débarrasser des populistes, et puisque ceux-ci continuent de siphonner des voix au centre, la seule solution est d'accepter la disruption, et de devenir soi-même disrupteur. La stratégie s'est d'abord déclinée comme une course-poursuite derrière les populistes, certains partis traditionnels adoptant une partie de leur agenda tout en gardant une distance (physique) avec eux. C'est ce qu'ont fait Nicolas Sarkozy en 2012, en suivant les conseils de Patrick Buisson, ou encore David Cameron à la fin de son premier mandat, pour contrer la contagion d'une partie de l'électorat conservateur vers UKIP – une tactique qui le poussera durant la campagne électorale de 2015 à promettre un référendum fatidique sur le Brexit. Cette stratégie montre toutefois vite ses limites, car loin de contrer les populistes, elle semble au contraire les renforcer : en 2012, Marine Le Pen récolte plus de voix (et un pourcentage plus élevé) que son père en 2001, tandis que dans la Grande-Bretagne de 2014 Nigel Farage et le UKIP deviennent le temps d'une élection européenne le premier parti du pays. Comme le prédisait Jean-Marie Le Pen, entre l'original et ce qui ne semble être qu'une pâle copie, les électeurs choisissent toujours l'original, et une stratégie d'imitation ne fait que banaliser la disruption – tout en offrant une victoire morale aux disrupteurs, en admettant qu'ils avaient raison depuis le début.

Vient alors l'idée non plus d'une imitation bon gré mal gré, mais d'une appropriation : puisque le débat intellectuel est perdu d'avance, puisque les électeurs n'accepteront jamais une pâle copie, alors il faut prendre les devants et surfer soi-même, sans aucun état d'âme, sur la disruption. L'homme politique traditionnel ne va plus jouer au populiste ; il va désormais incarner la disruption et lui donner un visage humain. C'est ce que l'intellectuel britannique David Goodhart a nommé le « populisme décent », qui permet à l'establishment de s'adapter aux changements intervenus dans l'opinion publique plutôt que l'inverse[1]. Après tout, si les électeurs sont devenus dans leur très grande majorité anti-immigration, s'ils souhaitent revenir sur certains aspects de la mondialisation qui leur ont fait du mal, le devoir d'un homme politique moderne en démocratie n'est-il pas aussi de représenter ces aspirations, voire de les anticiper grâce aux outils utilisés par les technopopulistes ? En lisant ces lignes, on pense forcément à Boris Johnson, l'ancien maire (plutôt) libéral de Londres devenu brexiter en chef, et à son conseiller Dominic Cummings, une des figures du technopopulisme version réseaux sociaux. On peut également penser à Sebastian Kurz, qui en Autriche s'est un temps fait « Kaiser-disrupteur », d'abord à l'intérieur de son parti puis au gouvernement pour prendre le pouvoir. Dans les deux cas, la stratégie de l'Autrichien et du Britannique a conduit à une popularité « en téflon » sur laquelle n'importe quel scandale

1. David Goodhart, *Les Deux Clans. La nouvelle fracture mondiale*, Paris, Les Arènes, 2019.

semblait glisser. Celle-ci devient un véritable atout électoral : reprenant un parti populaire autrichien (ÖVP) aux abois début 2017, Kurz lui impose un rebranding complet – qui inclut un changement de couleur et de nom, l'ÖVP devenant le « nouveau parti populaire », ou Die Neue Volkspartei. Il remporte une brillante victoire aux élections de septembre de cette année-là, ce qui lui permet de gouverner avec l'extrême droite jusqu'aux élections anticipées deux ans plus tard, au cours desquelles il remporte une victoire encore plus éclatante. Celle-ci lui permet alors de changer de partenaire de coalition et de gouverner avec les Verts – on appréciera la flexibilité idéologique. Quant au Royaume-Uni, l'histoire du brexiter Boris Johnson se substituant à Nigel Farage pour « réaliser le Brexit » contre le souhait d'une grande partie de l'élite britannique est connue de tous, après un référendum qui aurait probablement connu un autre résultat sans lui, et une longue tentative de l'establishment de maîtriser un processus devenu incontrôlable sous Theresa May. L'arrivée de Johnson au 10 Downing Street se fait sous le signe de la disruption : sa volonté sans faille d'amener le Brexit à son terme suppose de nouvelles élections, et celles-ci se transforment en victoire historique pour le Parti conservateur[1], laquelle ouvre la voie au Brexit, qui devient effectif un peu plus d'un mois après.

Le « populisme décent », victoire des populistes ?

D'une certaine manière, le populisme décent préfigure le postpopulisme, dans la mesure où il donne raison au moins sur certains points aux populistes et

1. https://theconversation.com/large-victoire-electorale-de-boris-johnson-quelles-consequences-pour-le-royaume-uni-et-pour-le-brexit-128866

cherche un moyen non plus de leur résister, mais de surfer sur une inévitable disruption pour mieux pouvoir la contrôler. Les électeurs apprécient, ce qui conduit aux triomphes de Kurz et de Johnson à la fin des années 2010. On peut néanmoins se demander si le résultat n'est pas aussi de banaliser le populisme dans ses pires excès. Dans son ouvrage sur les technopopulistes *Les Ingénieurs du chaos*, Giuliano Da Empoli compare Gianroberto Casaleggio (côté ingénieur du populisme) et Dominic Cummings (ingénieur du populisme « décent »), et il faut bien admettre que peu de choses séparent les deux personnages, de leurs visions du monde à leurs méthodes. En regardant les résultats des populistes, le Brexit chez Johnson et la mise en place d'un gouvernement autrichien avec le FPÖ où l'extrême droite pro-Poutine accède aux plus hautes fonctions régaliennes et notamment les Affaires étrangères ou la Défense, on peut également se demander si le remède, qui reviendrait à faire les mêmes choses mais avec un grand sourire, n'est pas pire que le mal. Le populisme décent reste un populisme, et son adoption par l'establishment, s'il en atténue certains aspects, reste néanmoins le signe d'une victoire nette du populisme et de la disruption.

Tellement nette que, dans le même temps, toute une partie de l'establishment libéral commence justement à verser dans le populisme. Nous avons vu que, sur certains aspects, Emmanuel Macron avait lui aussi cédé aux sirènes du populisme dans sa critique de la démocratie représentative, lui permettant d'y substituer un mélange de leadership charismatique, d'analyse d'algorithmes, de conventions citoyennes (qui ont également l'avantage de ne pas impliquer les parlementaires) et bien entendu de disruption politique. Car, comme l'explique la journaliste du *Figaro* Isabelle Lasserre, Emmanuel

Macron est lui aussi fondamentalement un disrupteur, dans son action internationale comme au niveau national : « Quand on accède à l'Élysée à 39 ans, après un blitzkrieg mené sans parti et sans passé politique, plus rien n'est impossible. [...] Quand on a mis par terre les partis politiques traditionnels, chassé d'un coup toute une génération, balayé le vieux monde en menant contre ses hommes, ses règles et ses traditions une charge héroïque et sans pitié, plus rien ne peut vous barrer la route[1]. » Personnalité (r)évolutionnaire, Emmanuel Macron a étreint la disruption tout autant qu'il l'a combattue, et il a su être populiste lorsqu'il sentait qu'il fallait l'être, pour assurer sa survie politique (et son succès électoral) au moment de la crise des Gilets jaunes, par exemple.

Il n'était pas le seul : dans la seconde moitié des années 2010, nombre de dirigeants libéraux vont chercher à surfer sur la disruption, n'hésitant pas à l'occasion à reprendre le discours et des politiques des disrupteurs : c'est déjà le cas pour Matteo Renzi lorsqu'il est Premier ministre de 2014 à fin 2016, mais l'exemple le plus remarquable est peut-être celui de Volodymyr Zelensky, dont la campagne électorale en Ukraine bouscule toutes les conventions, et surtout dont l'élection, en 2019, met un point final au gouvernement par les oligarques qui avait prévalu durant les décennies précédentes. Zelensky est d'ailleurs un exemple parfait de disruption positive, puisque son élection est tout autant le symbole que l'aboutissement du changement profond intervenu dans la société ukrainienne entre la Révolution orange de 2004 et le début de l'invasion russe.

L'élection de Zelensky n'est pas celle d'un populiste aux idées extrémistes – le candidat est fondamentalement

1. Isabelle Lasserre, *Macron, le disrupteur. La politique étrangère d'un président antisystème*, Paris, Éditions de L'Observatoire, 2022, p. 13.

libéral, il croit en un avenir européen pour son pays, il a fait fortune dans le show-business et fait clairement partie de l'élite. Néanmoins, il se rapproche aussi des populistes à certains égards, notamment par ce qu'il appelle lui-même son « obsession pour les référendums » et la démocratie directe[1]. Populiste, il l'est aussi d'une certaine manière dans sa campagne pour la présidentielle, lorsqu'il surfe sur le rejet des vieilles élites postsoviétiques oligarchiques (dont fait partie, malgré son occidentalisme assumé, le président d'alors, Petro Porochenko). Cette campagne a d'ailleurs été préparée en amont par la série télévisée *Serviteur du peuple*, qui met en scène Zelensky en professeur d'histoire qui se fait élire président de l'Ukraine grâce à ses élèves et à son franc-parler anti-élites – tout un programme qu'au fond un Beppe Grillo ou un Matteo Salvini n'auraient pas renié.

Une fois élu, Zelensky reste fidèle à ses convictions et à son programme : il y a bien sûr l'élection elle-même, qui fait voler en éclats le système politique ukrainien exactement comme celle d'Emmanuel Macron l'avait fait deux ans plus tôt en France. Il y a aussi la controversée « loi sur la désoligarchisation » du pays, adoptée fin 2021, qui renforce les contrôles sur les oligarques, désormais clairement définis dans la loi[2]. Enfin, le nouveau président et son gouvernement sont également très actifs pour mettre en place tout un arsenal d'outils high-tech pour forcer la digitalisation et la désintermédiation dans toutes les affaires ayant trait au gouvernement, particulièrement pour mieux lutter contre la corruption. Cela donne naissance à nombre

1. https://www.politico.eu/article/ukraine-people-power-problem-volodymyr-zelenskiy-referendum-obsession/

2. https://www.bbc.com/afrique/monde-64153427

de projets, et notamment l'application Diia, qui permet de digitaliser toutes sortes de démarches administratives et transformer son smartphone en portefeuille digitalisé comprenant permis de conduire et autres documents importants. Mais surtout, à partir de janvier 2022, l'application est programmée pour permettre la tenue de votes et sondages en ligne pour aider la décision politique[1]. Elle sera utilisée, même en temps de guerre, par exemple pour un sondage sur la date à laquelle les Ukrainiens devront fêter Noël – en suivant le calendrier julien (utilisé par le patriarcat de Moscou) admis jusque-là ou le calendrier occidental[2]. Cette idée d'une « démocratie dans son smartphone[3] », même si elle veut rapprocher l'Ukraine des standards et des idéaux européens, voire les anticiper, n'est pas sans rappeler le populisme technologique professé par les Casaleggio père et fils ou Dominic Cummings. À l'instar d'autres bêtes politiques particulièrement douées comme Matteo Renzi ou Emmanuel Macron, Volodymyr Zelensky semble donc être l'archétype du libéral modernisateur qui étreint la disruption, mais parfois également le populisme, et ce dans sa doctrine même : la proposition d'une démocratie plus directe, rendue possible par le progrès technique.

* * *

Si la décennie 2010 avait commencé sous le signe d'une crise financière annonçant le début d'une grande

1. https://bykvu.com/eng/bukvy/zelensky-talks-up-new-polling-feature-added-to-diia-state-services-app/
2. https://odessa-journal.com/more-than-1-5-million-ukrainians-voted-for-the-date-of-christmas-in-diia/
3. https://www.atlanticcouncil.org/blogs/ukrainealert/ukraine-in-a-smartphone-zelenskyys-digital-dream/

disruption, elle se termine sur ce qui semble bien être une victoire durable des disrupteurs et du populisme : tout au long des années 2010, ces derniers sont montés en puissance, et nombre d'entre eux sont alors confortablement installés aux commandes de pays clés non seulement en Europe, mais partout dans le monde. Président des États-Unis depuis 2016, Donald Trump semble alors tout à fait capable de remporter un deuxième mandat ; parmi les dirigeants populistes démocratiquement élus, il a été notamment précédé par Viktor Orbán en Hongrie (2011) et Rodrigo Duterte aux Philippines (2016), avant d'être rejoint par Andrej Babiš en République tchèque (2017), Andrés Manuel López Obrador au Mexique, et les populistes de la Lega et du Mouvement Cinq Étoiles en Italie (2018) ou encore Jair Bolsonaro au Brésil (2019) ; tandis que des jacqueries comme celle des Gilets jaunes à l'automne 2018 ont rappelé aux dirigeants européens que la colère populaire ne s'exprime pas que dans les urnes. La Grande Disruption ne semble alors pas terminée, tant et si bien que certaines élites ont pris les devants et adopté une partie du programme populiste, que ce soit sur certaines propositions (Boris Johnson avec le Brexit), dans le style (Emmanuel Macron avec son attitude disruptive et ses provocations) ou dans l'approche à l'égard de la démocratie directe comme moyen de rénover une démocratie malade (Volodymyr Zelensky et son « obsession des référendums »). En ce 31 décembre 2019, disruption et populisme sont destinés à un avenir radieux... À moins qu'un ou plusieurs événements imprévus cassent leur dynamique de victoire.

Chapitre 3

Le tournant 2020-2022

Feux de brousse gigantesques en Australie du Sud, assassinat du général iranien Qassem Soleimani, début du procès d'impeachment de Donald Trump au Sénat, sortie du Royaume-Uni de l'Union européenne… Dès les premiers jours, l'année 2020 se place sous le signe de la disruption, à un moment où le populisme, décent ou non, semble atteindre un niveau de soutien suffisant dans l'opinion pour changer radicalement l'environnement politique de l'Occident. Les plus pessimistes voient en ce début d'année un mauvais présage non seulement pour les mois à venir, mais aussi pour l'ensemble de la décennie.

Et pourtant, la position de force acquise par les disrupteurs n'a rien d'une fatalité. D'une certaine manière, et toutes choses égales par ailleurs, elle est même le signe d'une fin d'époque – en effet, pour revenir à l'essai de l'universitaire américain David Potter sur la disruption, il ne s'agit pas seulement de chaos, mais aussi d'un changement tel « qu'il devient impossible de revenir en arrière, à la façon dont les choses avaient été[1] » ; c'est à ce moment-là également que l'utopie commence à devenir une orthodoxie, et que la révolution laisse la place à la normalisation.

1. David Potter, *op. cit.*, p. 3.

Il reste néanmoins à savoir de quelle orthodoxie il s'agira : assistera-t-on à la victoire finale des populistes ? Ou un nouveau consensus permettra-t-il de dépasser à la fois l'ancien monde et la disruption ? Rien n'est certain au début de l'année 2020 ; mais en quelques mois, quatre événements vont complètement changer la donne, bousculant élites traditionnelles, disrupteurs, et populations dans leur ensemble : la pandémie de Covid-19, l'assaut du 6 janvier 2021 sur le Capitole, le Brexit et enfin l'invasion de l'Ukraine par la Russie.

Une pandémie pour changer la donne

Il est impossible de relater le changement total de paradigme survenu en 2020-2022, sorte de disruption dans la disruption, sans commencer par l'événement qui a le plus radicalement changé l'ensemble des paramètres politiques, économiques et sociaux de l'époque : la pandémie de Covid-19. Si l'ensemble des tenants et aboutissants de cet événement mérite à lui seul un livre entier[1], nous nous concentrerons principalement ici sur ses conséquences directes sur la disruption politique et sur l'aura des populistes.

La première de ces conséquences est de mettre les populistes face à leurs responsabilités : au pouvoir ou en position de force dans l'opposition, ils doivent désormais réagir non plus à une disruption dont ils avaient compris avant les autres les rouages, mais à un événement

1. On pense notamment aux travaux d'Ivan Krastev sur les conséquences politiques et sociologiques de la pandémie, et ceux d'Adam Tooze, plus centrés sur l'économie. Ivan Krastev, *Is It Tomorrow Yet? Paradoxes of the Pandemic*, Londres, Allen Lane, 2020 ; et Adam Tooze, *Shutdown. How Covid Shook the World's Economy*, Londres, Allen Lane, 2021.

extérieur à ce qui a fait leur popularité, et qu'ils ne comprennent pas plus que les autres. Le coronavirus fait donc office de véritable test de compétence pour des disrupteurs qui clamaient justement être mieux à même de gouverner que les élites traditionnelles. Or, aucun d'entre eux ne passe ce test avec brio, soit parce que leurs choix politiques s'avèrent désastreux, soit parce qu'ils finissent par prendre les mêmes mesures que les politiques classiques, et parfois même les deux.

Dans les premières semaines de la pandémie, les dirigeants populistes au pouvoir ont quasiment tous tendance à minimiser la portée de la maladie, parlant de « grosse grippe[1] », de peur de faire paniquer les places boursières – et faire s'effondrer leur popularité. À l'exception de Jair Bolsonaro, au Brésil, cette rhétorique ne survit pas au mois de mars 2020. Très vite, au fur et à mesure que les systèmes de santé atteignent des taux de saturation critiques, les dirigeants occidentaux doivent se rendre à l'évidence : à court terme, la seule solution imaginable est de confiner les populations ; à long terme, le salut ne passera que par le vaccin. Alors que la circulation du virus s'accélère de manière exponentielle, chaque jour compte, et si tous les gouvernements hésitent à prendre les mesures les plus drastiques, le retard (parfois d'une ou deux semaines) des dirigeants populistes à mettre leurs populations sous cloche a un coût visible en nombre de lits occupés, mais également en nombre de morts à une époque où aucun remède autre que la résistance physique du patient n'est connu. Aujourd'hui encore, des pays comme les États-Unis ou le Brésil affichent des taux de mortalité plus élevés que la France ou l'Allemagne

1. https://www.lemonde.fr/idees/article/2020/05/06/le-virus-les-populistes-et-leurs-modeles_6038900_3232.html

pour les malades de la Covid, malgré toutes les erreurs qui ont pu être commises par ailleurs à Paris ou à Berlin.

Une fois le premier stade de la pandémie franchi et l'ensemble des Occidentaux mis en quarantaine, il est ainsi devenu beaucoup plus difficile de distinguer populistes et modérés, tant leurs politiques ont convergé en quelques semaines sous l'effet d'une crise sanitaire sans précédent dans l'histoire récente. Les disrupteurs mettent en place les mêmes mesures restrictives que les gouvernements classiques, mais il faut également souligner que les modérés cèdent dans le même temps aux sirènes des populistes, à plus d'un titre d'ailleurs. On voit ainsi au printemps 2021 deux des revendications clés des populistes mises en œuvre par tous les gouvernements occidentaux sans exception : la fermeture totale des frontières pour les personnes, et l'instauration d'un revenu universel quasiment inconditionnel et sans contrôle des ressources.

Ici aussi, la frontière entre populistes et establishment devient plus rhétorique que tangible, et on a tout loisir d'observer les résultats de leurs politiques en temps réel : il n'y a bientôt plus de travailleurs saisonniers nord-africains pour assurer la récolte des fruits et légumes dans le sud de l'Italie[1], ni de cueilleurs venus des Balkans pour celle des asperges centre-européennes, très prisées par les Allemands et les Autrichiens au printemps[2]. À plus long terme, les fermetures de frontières et les confinements répétés perturbent les chaînes d'approvisionnement, au point de créer des pénuries alimentant une

1. https://www.rfi.fr/fr/europe/20200429-coronavirus-italie-pénurie-main-d-œuvre-met-les-récoltes-danger

2. https://www.24heures.ch/coronavirus-legumes-en-rade-faute-de-saisonniers-296632077852

inflation déjà forte à la suite de l'injection massive de ressources budgétaires dans l'économie, y compris lorsqu'elles n'étaient plus nécessaires. L'adage des économistes selon lequel les gouvernements réagissent toujours à une crise comme ils *auraient dû* réagir à la précédente se vérifie donc, et à ce jeu-là, il devient difficile pour l'opinion publique de distinguer le révolutionnaire du conservateur, le populiste de l'establishment.

L'opinion publique, on s'en doute, est elle aussi fortement impactée par la crise du coronavirus. Confinée à plusieurs reprises pendant de longues semaines (une mise sous cloche rendue possible par Internet, les réseaux sociaux et les plateformes numériques, agents de la disruption des années 2010), elle subit de nombreux hauts et bas, passant rapidement de l'exaspération à l'espoir d'une fin de crise qui prend pourtant du temps à arriver. Dans ce contexte de montagnes russes émotionnelles, l'humeur générale ne peut qu'être impactée par une crise aux conséquences directes dans la vie de tous les jours. En suivant le baromètre de la confiance politique du Cevipof de Sciences Po, on s'aperçoit ainsi qu'en France une vraie rupture d'ambiance a lieu durant la crise du coronavirus : si les trois sentiments dominants restent les mêmes et sont tous négatifs (méfiance, lassitude, morosité), on constate dès la première vague suivant le début des confinements une augmentation spectaculaire de la lassitude, qui passe de 28 % à 41 %, ce qui la place très largement au-dessus des autres[1].

À partir de 2020, le sentiment qui domine l'opinion publique occidentale n'est donc plus la colère, ou même la méfiance, mais la lassitude. Pour les gouvernants,

1. Voir les résultats des différentes vagues du Baromètre de la confiance politique, du Cevipof de Sciences Po, administré par OpinionWay : https://www.sciencespo.fr/cevipof/fr/content/les-resultats-par-vague.html

ce changement est radical, dans la mesure où un public fatigué ne se gouverne pas de la même manière qu'un peuple en colère. Plus important du point de vue de la disruption populiste, même si la colère ne disparaît pas, le fait qu'elle ne soit plus le sentiment dominant signifie la perte d'un argument électoral fort : on l'a vu aux chapitres précédents, les populistes se sont nourris pendant les années 2010 de l'exaspération d'une part de plus en plus grande du public, et les manuels de campagne de partis comme le Mouvement Cinq Étoiles n'hésitaient pas à recommander aux candidats d'exploiter cette rage pour la transformer en suffrages[1]. Sans cette énergie, la dynamique populiste s'enraie forcément. Pire encore, dans cette période de grande incertitude, l'envie de renverser la table est largement supplantée par un désir de se rattacher à des valeurs sûres, qui se transforme très rapidement en légitimisme. Les actions coup-de-poing comme l'occupation du Parlement par Matteo Salvini pour protester contre le confinement ne sont plus acceptées comme des actes de bravoure, mais comme des coups de pub de mauvais goût, avec les résultats qu'on peut aisément imaginer sur la popularité des populistes protestataires : en Italie, les intentions de vote pour la Lega de Salvini s'écroulent durant la pandémie, passant de 32 % en janvier 2020 à 24 % en janvier 2021, puis 19 % en janvier 2022[2], avant de continuer à chuter sous l'effet de l'invasion russe de l'Ukraine, au printemps et à l'été 2022.

L'effet n'est pas aussi spectaculaire dans les pays où les populistes (décents ou non) sont au pouvoir : en Grande-Bretagne, Boris Johnson bénéficie clairement

1. Giuliano Da Empoli, *op. cit.*

2. https://www.politico.eu/article/italy-matteo-salvinis-league-coronavirus-slump/

d'un effet de ralliement malgré les coûteuses erreurs du début de la pandémie, notamment après avoir contracté le virus et passé plusieurs jours en soins intensifs. Il n'empêche, le sursaut légitimiste dans l'opinion publique profite plus aux élites traditionnelles, perçues (malgré leurs erreurs) comme plus compétentes et plus rassurantes, notamment grâce à un style plus sobre. Au contraire, la colère semble progressivement changer de camp : à l'été 2020, les manifestations contre le gouvernement n'ont plus lieu en France ou en Italie, mais aux États-Unis, où la mort de George Floyd des mains d'un policier engendre une grande violence dans les grandes villes et une polarisation savamment entretenue par Donald Trump à des fins électorales[1]. Dans les autocraties également, la tension monte. Au Belarus, la gestion catastrophique de la pandémie par le président, Aleksandr Loukachenko, dirigeant autocratique proche de Vladimir Poutine, provoque une vague de mécontentement qui se transforme en raz-de-marée électoral, obligeant la machine autoritaire à falsifier les résultats de manière grossière, puis à une vague de répression sans précédent pour mettre fin au mouvement de protestation. Satellisé par la Russie, appauvri par la Covid et les sanctions occidentales qui font suite à la répression, Loukachenko transforme son pays en prison à ciel ouvert et offre la gouvernance de son pays à son compère Vladimir Poutine, lequel s'approprie officiellement ses pouvoirs *ad vitam aeternam* en Russie par le biais d'une réforme constitutionnelle qui semble plus faite pour empêcher un pouvoir affaibli de l'être encore plus que pour montrer une image de puissance.

1. https://www.economist.com/graphic-detail/2021/05/22/rioting-amid-demonstrations-for-racial-justice-may-have-helped-donald-trump

On s'en souvient, la Russie de Poutine et, dans une moindre mesure, la Chine communiste avaient été présentées par nombre de disrupteurs comme des modèles à suivre, avec leur nouvelle réputation de puissance, de maîtrise de soi et de sang-froid. Or, au gré de la Covid, c'est une tout autre image qui commence à transparaître, beaucoup plus instable – et menaçante.

L'Italie s'était rapprochée des deux pays sous son gouvernement populiste en 2018-2019, elle en paie des conséquences très visibles dès le début de la crise sanitaire : alors que le pays devient l'épicentre européen (et même global) de la pandémie et que les citoyens sont tous confinés, les seuls à pouvoir se déplacer librement dans la Botte sont des militaires russes et chinois, officiellement envoyés en Italie pour aider le pays à surmonter la crise, mais dont on soupçonne puis découvre qu'ils le parcourent à des buts beaucoup moins humanitaires[1]. Les Russes ont en effet une tendance suspecte à ne pas se rendre dans les zones les plus touchées, préférant opérer dans des provinces proches des bases militaires italiennes et américaines. On soupçonne également Russes et Chinois d'utiliser les Italiens comme des cobayes pour prendre les devants dans la recherche pour le vaccin anti-Covid. L'image des deux pays en pâtit, en Italie comme ailleurs en Europe, comme l'ont montré deux enquêtes menées par la Fondapol et l'IRI sur l'état de la démocratie dans l'opinion publique globale, réalisées en 2018 et 2021[2]. Si la méfiance à l'égard de la Russie persiste et se généralise dans l'ensemble de l'Union européenne entre ces deux

1. Voir Giulia Pompili et Valerio Valentini, *op. cit.*

2. Voir les deux publications analysant les deux enquêtes dans le détail, publiées toutes deux par la Fondapol ; Dominique Reynié *et al.*, *Démocraties sous tension. Les enjeux*, tome 1, Paris, Fondapol, 2019, p. 130-132 ; et Dominique Reynié *et al.*, *Libertés : l'épreuve du siècle*, Paris, Fondapol, 2022, p. 16-22.

dates, l'image de la Chine est durablement écornée : pays d'origine du virus, la République populaire, vue plutôt positivement en Europe durant les années 2010 (soit comme puissance rassurante, soit comme ni rassurante ni inquiétante) devient en 2021 partout en Europe une source d'inquiétude. Les Pays-Bas enregistrent la hausse la plus spectaculaire, de 37 % d'inquiets par l'attitude de la Chine à 75 % entre 2018 et 2021. Mais le mouvement est général partout dans l'Union européenne, y compris en Hongrie, où le gouvernement de Viktor Orbán continue pourtant de dérouler le tapis rouge aux représentants du pouvoir chinois. L'époque où les dictateurs orientaux étaient considérés comme des modèles bienveillants est désormais bien révolue.

Au contraire, la réputation de l'Union européenne, fortement abîmée par la vague de disruption des années 2010, est grandie par la crise. L'Union européenne a certes dans un premier temps été la première victime de la pandémie, le système Schengen de libre circulation des personnes ayant fait les frais du premier confinement. Mais la fermeture des frontières fait justement comprendre à beaucoup ce qu'ils ont à perdre : sans libre circulation, les secteurs touristiques italiens, grecs et espagnols perdent leur clientèle qui dépense le plus, celle venue d'Europe du Nord (ou des États-Unis). On se rend compte qu'il existe déjà d'une certaine manière un mécanisme de transfert de richesses du Nord vers le Sud, qui a lieu chaque été dans les stations balnéaires de Méditerranée. Mais de manière beaucoup plus décisive, avec l'adoption du plan de relance européen, après un processus de négociations extrêmement tendues entre partenaires de l'Union, incluant cris, pleurs, menaces et insultes[1] (événements plutôt rares dans

1. On a notamment vu des éclats entre ministres italien et néerlandais, ainsi qu'une passe d'armes particulièrement violente entre Emmanuel

les négociations bruxelloises), on assiste à un changement radical dans la donne des relations entre Bruxelles et les pays des périphéries européennes, lesquels critiquaient justement l'Union européenne pour son impuissance et sa pusillanimité. On a ainsi vu Polonais et Italiens soudainement changer de ton sur l'Europe, peut-être parce qu'il y avait soudain beaucoup plus à perdre qu'à gagner en critiquant ouvertement et directement Bruxelles.

Là aussi, la trajectoire de Matteo Salvini et de sa Lega nous informe sur les changements intervenus à la suite du coronavirus. Premier pourfendeur de l'Union européenne dans les années 2010, Salvini s'est soudain fait beaucoup plus conciliant, tout comme ses anciens partenaires de coalition du Mouvement Cinq Étoiles, eux aussi pris de fièvre proeuropéenne alors que la plus grosse part du gâteau du plan de relance était promise, sous conditions, à Rome. Il faut souligner ici que ce revirement n'est pas uniquement le fait d'une réaction de condottiere à un changement de situation ; le leader de la Lega a également été mis sous pression par toute une frange de son parti, dont la composition est beaucoup plus complexe que l'image d'Épinal qui a pu ressortir pendant les années 2010. Il y a certes la Lega de Salvini, nationale et populiste, celle que les médias internationaux sont habitués à diffuser. Mais la mise sur le devant de la scène du leader populiste ne doit pas cacher le fait que la base socio-économique du parti, elle, reste dans le nord de l'Italie, et qu'elle est conservatrice mais pas forcément populiste, et beaucoup plus antiromaine qu'antieuropéenne.

Macron et Sebastian Kurz ; voir https://www.lepoint.fr/europe/plan-de-relance-europeen-macron-tape-du-poing-sur-la-table-20-07-2020-2384843_2626.php, et https://www.huffingtonpost.fr/international/article/les-pays-bas-accuses-de-bloquer-le-plan-de-relance-europeen_167553.html

Cette Lega-là, celle des petits (et plus gros) entrepreneurs du nord de l'Italie, n'a pas les réflexes populistes de son leader, et l'essentiel de son business se fait avec d'autres pays européens – ce qui donne un tout autre visage au parti dès lors qu'on a affaire avec l'alter ego de Salvini au niveau national, Giancarlo Giorgetti, ou encore les gouverneurs des régions du Nord comme Luca Zaia (Vénétie) et Attilio Fontana (Lombardie). Ainsi, une fois connues les sommes astronomiques en jeu pour l'Italie et le monde des affaires, l'autre Ligue, celle du Nord, s'active pour s'assurer que le leader (qui à l'époque continue de faire gagner des voix au parti) se mette à parler un langage plus proeuropéen, d'où également une tentative de rapprochement avec l'establishment bruxellois en 2021 qui tourne court.

L'exemple italien est probablement le symbole le plus spectaculaire du changement de ton à l'intérieur de l'Union européenne. On pourra certes arguer que Bruxelles a finalement « acheté » l'assentiment des populistes et des populations (dont les critiques se concentraient surtout pendant les années 2010 sur l'*absence* de l'UE dans des domaines comme l'aide économique ou l'immigration), mais la réalité est qu'après l'adoption du plan de relance la perception des populations et le discours des disrupteurs se trouvent radicalement changés, tant à Rome qu'à Prague, Varsovie, Ljubljana ou Rome (et même dans un premier temps à Budapest, malgré le départ du Fidesz du PPE). Il faut dire que, au-delà des perceptions, le rapport de force a changé : les disrupteurs n'ont plus d'ordres à donner à Bruxelles, car ce sont eux qui ont besoin d'argent pour payer les frais de gestion de la pandémie et la reconstruction de l'économie. Et cette fois-ci l'argent est à Bruxelles ; il ne sera donné ou prêté que sous certaines conditions.

Du Capitole à Brasília, le côté obscur du populisme

Pendant que l'espoir (en même temps que les subsides) change de camp en Europe, le combat change d'âme aux Amériques : 2020 est aussi une année de campagne présidentielle aux États-Unis, et Donald Trump l'a commencée en position de favori. La mauvaise gestion du début de la Covid ne lui retire pas cet avantage dans un premier temps ; il faut attendre le mois de mai, le chaos qui suit la mort de George Floyd aux mains d'un policier blanc américain et les émeutes qui éclatent dans toutes les villes des États-Unis pour constater un vrai décrochage dans l'opinion, avec une chute de popularité de 10 points entre mai et juin (de 49 % d'opinions favorables à 39 %[1]). Face à une opposition démocrate qui se rassemble, à la surprise générale, autour du très classique Joe Biden et avec un pays meurtri par la vague de Covid, les confinements et le retour violent de la question raciale dans le débat public, Donald Trump considère alors que sa seule chance de réélection réside dans le combat à outrance.

Dans ce contexte délétère, la campagne est encore plus acrimonieuse que celle de 2016. Le premier débat présidentiel est une telle foire d'empoigne que le commentateur de CNN Chris Cillizza n'hésite pas à le qualifier de « plus mauvais débat présidentiel que j'ai eu à couvrir en vingt ans de carrière[2] ». Les journalistes, pourtant habitués depuis quatre ans aux insultes

1. https://news.gallup.com/poll/203198/presidential-approval-ratings-donald-trump.aspx

2. https://edition.cnn.com/2020/09/29/politics/first-presidential-debate-hits-and-misses/index.html

et à un sursaut de polarisation (et pas tous du fait de Donald Trump ou des Républicains) assistent alors à une dangereuse escalade entre deux camps qui n'hésitent plus désormais à délégitimer *par avance* la victoire éventuelle de leur adversaire, qui serait forcément le résultat d'une manipulation ou de la suppression du vote noir pour les Démocrates, ou celui d'une fraude électorale « massive » pour les Républicains.

L'escalade est d'autant plus violente que les écarts s'annoncent serrés : la partie se joue sur des courses individuelles dans chaque État, et au vu des sondages les écarts sont minimes dans la plupart des États clés. Au final, l'élection se joue comme en 2016 à quelques milliers de voix dans quelques États, cette fois-ci la Pennsylvanie, l'Arizona, la Géorgie et le Wisconsin. Pire, du fait du caractère massif du vote par correspondance et de gros problèmes d'organisation, le vainqueur n'est proclamé que trois jours et demi après la clôture du vote.

Le disrupteur en chef a perdu, mais cette défaite ne paraît pas sur le coup en être une : en effet, Trump revient de très loin, et sa stratégie d'opposition frontale contre le « wokisme » et le laxisme sécuritaire (« la chienlit », aurait-on dit en France) a consolidé son électorat. L'atmosphère de campagne était certes malsaine, mais les arguments du Donald lui ont indéniablement permis de rattraper le décrochage sondagier du mois de juin. Il est même devenu difficile de parler de son électorat comme d'un « panier de déplorables » racistes, dans la mesure où un nombre surprenant de minorités, beaucoup d'entre elles ouvrières, ont donné leurs voix au président sortant. Trump améliore en effet son score par rapport à 2016 dans toutes les minorités ethniques, et il arrive même à obtenir des majorités larges dans des comtés hispaniques comme Miami Dade ou ceux du

Texas ouvrier limitrophes avec le Mexique, au grand dam des Démocrates. Mieux encore pour ses troupes, les élections au Congrès et au Sénat ont été beaucoup moins négatives que prévu, les Républicains gagnant des sièges dans la chambre basse tandis que la majorité au Sénat se jouera à deux sièges en Géorgie, tous deux disputés lors d'un double second tour le 5 janvier, avec de grandes chances de victoire républicaine.

Si Donald Trump avait accepté sa défaite tout en se préparant immédiatement aux prochaines échéances, la face du monde – et celle du populisme – en aurait probablement été changée. Le président battu se serait alors probablement engagé dans le cycle électoral de 2024 en position de force. Mais le caractère du leader populiste ne lui permettait pas d'admettre la défaite, et si elle avait eu lieu, c'était forcément parce que l'adversaire avait triché.

Trump avait usé de cet artifice pendant toute sa carrière politique, de la primaire républicaine de 2016 jusqu'à l'élection présidentielle, exploitant l'expansion spectaculaire du vote par correspondance (due aux restrictions sanitaires de la Covid) pour crier à la tricherie avant même que l'élection ait lieu. Il faut dire que cette stratégie de dénoncer une triche sans en apporter la preuve était devenue une pratique répandue aux États-Unis, dans le contexte de votes particulièrement serrés dans les États clés. En Géorgie, en 2018, c'était la candidate démocrate Stacey Abrams qui avait refusé de reconnaître sa défaite dans l'élection au poste de gouverneur dans laquelle elle avait perdu à 55 000 voix près (sur quasiment 4 millions de voix), chose qu'elle n'a toujours pas faite publiquement[1]. Chez les Républicains également, l'idée de la fraude électorale ne date pas de

1. https://www.usatoday.com/story/news/factcheck/2020/11/18/fact-check-partly-false-claim-stacey-abrams-2018-race/6318836002/

Trump, comme j'avais pu personnellement m'en rendre compte en suivant les élections dans l'État de Floride en 2016. Trump partait donc dans un contexte favorable à ce genre d'accusations, y compris chez les politiques classiques qui, comme leurs collègues outre-Atlantique, avaient eux aussi cédé dans certains cas aux sirènes du populisme. Mais là où les autres s'en étaient tenus aux mots, le disrupteur en chef s'est efforcé de joindre le geste à la parole.

Refusant de s'avouer vaincu, Trump met toute son énergie à renverser le résultat de l'élection – après tout, tant que les résultats ne sont pas certifiés par le Congrès et que le président élu Biden n'est pas installé à la Maison-Blanche, il est toujours président. On assiste alors à un curieux manège de recours en justice (tous rejetés) et de coups de fil passés aux responsables électoraux et ministres de l'Intérieur des États fédérés pour leur forcer la main et les pousser à déclarer une fraude improuvable. « J'ai juste besoin de trouver 11 780 voix », juste assez pour remporter l'ensemble des grands électeurs de l'État, dit Trump au secrétaire d'État de Géorgie (équivalent de notre ministre de l'Intérieur) dans une conversation téléphonique fuitée et publiée par le *New York Times* en janvier 2020[1]. Si l'establishment du Parti républicain avait suivi Donald Trump jusque-là et lui avait permis de contester les résultats par voie légale, les grands du parti se rangent cette fois calmement et discrètement du côté de la loi une fois les recours en justice épuisés, ne laissant qu'une minorité agitée (mais relativement nombreuse) continuer à contester les résultats[2].

1. https://www.nytimes.com/2021/01/03/us/politics/trump-raffensperger-call-georgia.html

2. https://www.wsj.com/livecoverage/biden-trump-electoral-college-certification-congress/card/D3m1htBWKtXPl0Lv4tuB

Les voies légales et politiques ayant toutes été rejetées, il ne reste plus qu'un moyen pour Trump de rester en place : la manière forte. Face à des rumeurs persistantes faisant état de pressions de l'entourage de Trump pour une intervention de l'armée[1], les généraux font clairement entendre qu'il est hors de question que celle-ci s'immisce dans le processus électoral avant ou après le jour du vote[2]. Reste la dernière option : exciter une foule de partisans acharnés et la lancer sur le Capitole, ce qui est chose faite le 6 janvier 2021, alors que le Congrès s'apprête à certifier l'élection.

Les images de l'assaut du Capitole sont restées dans les mémoires. Qu'il soit considéré comme une simple émeute (par une majorité de Républicains) ou une tentative de coup d'État (par l'ensemble des Démocrates), l'événement a choqué l'ensemble de l'opinion publique américaine et mondiale. Cette fois, il devient très difficile, voire impossible de nier le caractère antidémocratique du trumpisme. Dominique Reynié avait averti dès 2018 : « Le problème avec les populistes au pouvoir, c'est qu'on ne sait pas très bien s'ils sauront rendre le pouvoir en cas d'échec[3] » ; la réponse est désormais claire, et même si d'autres populistes battus ont rendu le pouvoir de manière tout à fait légitime et apaisée avant Donald Trump (on pense notamment à Alexis Tsipras en Grèce, en 2019), l'image qui reste gravée dans les mémoires est celle de l'assaut du Capitole, symbole d'une révolte

1. https://www.forbes.com/sites/nicholasreimann/2020/12/19/trump-reportedly-asked-advisors-about-deploying-military-to-overturn-election/?sh=7091f7cace2b

2. https://apnews.com/article/virus-outbreak-election-2020-ap-top-news-politics-racial-injustice-a979ad8beceacd77c692e42448cf7b82

3. https://www.radiofrance.fr/franceinter/podcasts/l-invite-de-8h-le-grand-entretien/dominique-reynie-avec-les-populistes-au-pouvoir-on-ne-sait-pas-tres-bien-s-ils-sauront-le-rendre-4578148

populiste devenue foule d'enragés attaquant le cœur de la démocratie américaine.

Que se serait-il passé si l'assaut avait réussi, si des représentants ou sénateurs, voire le vice-président Mike Pence, avaient été enlevés ou pendus, comme nombre d'émeutiers l'avaient demandé, visiblement sous le regard approbateur du disrupteur en chef[1] ? Nul ne le sait, mais le 6 janvier reste encore dans les mémoires comme un moment clé où tout aurait pu basculer. À l'arrivée, la démocratie a tenu bon, la certification des résultats que Trump voulait empêcher a lieu le jour même, et Joe Biden est intronisé le lendemain. Mais le plus important dans ces événements est peut-être en fait l'image forcément écornée qui en résulte pour Donald Trump, en particulier auprès de cette classe moyenne suburbaine qui avait été tentée par la disruption au gré des épreuves des années 2010.

Au lieu de consacrer la victoire du populisme, l'élection présidentielle américaine a donc ouvert un nouveau cycle dans lequel les électeurs indépendants ont retrouvé une place centrale, enlevant de ce fait le bonus à la radicalité qui existait pendant les années 2010. Les résultats des dernières élections intermédiaires américaines en témoignent : à l'été 2021, les Républicains forcent une élection révocatoire contre le gouverneur de Californie (démocrate) Gavin Newsom. Durant la campagne, les Démocrates jouent sur la proximité du challenger républicain Larry Elder, surnommé « le Trump noir » par les médias[2], et font passer en boucle les images de l'assaut du Capitole durant les

---

1. https://www.politico.com/news/2022/05/25/trump-expressed-support-hanging-pence-capitol-riot-jan-6-00035117
2. https://www.politico.com/news/2022/05/25/trump-expressed-support-hanging-pence-capitol-riot-jan-6-00035117

dernières semaines de campagne[1]. Résultat : une victoire démocrate à 61,88 %, quasiment le même score qu'à l'élection du gouverneur Newsom en 2018, dans un contexte politique beaucoup plus difficile. Quelques mois plus tard, ce sont les Démocrates qui endossent le manteau de l'extrémisme, en pleine controverse sur l'enseignement du wokisme et de la théorie critique de la race dans les écoles. Aux élections intermédiaires qui ont lieu dans deux États bastions de la gauche, ces derniers sont à la peine : ils parviennent *in extremis* à conserver le New Jersey, mais perdent la Virginie, qui leur était pourtant acquise sociologiquement. Le Républicain vainqueur, Glenn Youngkin, s'est très tôt assuré du soutien de Donald Trump, mais, une fois ce soutien obtenu, il l'a tenu à l'écart de la campagne, restant dans les clous d'un discours certes musclé contre le wokisme, mais plus du tout disrupteur.

Un an plus tard ont lieu les élections de mi-mandat, qui renouvellent l'ensemble de la Chambre des représentants et un tiers du Sénat au niveau national. Si les candidats trumpistes remportent des succès notables aux primaires républicaines, par exemple dans l'Ohio, en Pennsylvanie et en Arizona, ils plombent ensuite les chances de leur parti aux élections générales, où ils font face à un Parti démocrate légèrement assagi, où les voix populistes et disruptives se sont moins fait entendre pendant la campagne. Alors que la plupart des observateurs s'attendaient à une vague rouge permettant aux Républicains d'obtenir de larges majorités aux deux chambres, ces derniers ne parviennent à reprendre la Chambre qu'*in extremis*, les Démocrates se payant

1. https://www.politico.com/states/california/story/2021/01/08/california-democrats-try-to-tie-newsom-recall-movement-to-capitol-attack-1353675

même le luxe de renforcer leur majorité au Sénat. Dans toutes les élections clés, les candidats trumpistes perdent, parfois avec des marges surprenantes, comme aux sénatoriales en Arizona et en Pennsylvanie, très médiatisées. Dans le même temps, les autres candidats gagnent leurs scrutins, notamment en Floride, où le sénateur Marco Rubio et le gouverneur Ron DeSantis, qui reprend une grande partie de l'agenda idéologique de Trump sans son bagage populiste et surtout sans son aspect insurrectionnel, remportent des victoires larges dans un État jusque-là considéré comme pivot et indécis.

Aux États-Unis, on constate alors que le bonus à la radicalité, qui avait existé pendant toutes les années 2010, est peut-être en train de laisser la place à un nouveau modèle électoral, où les indépendants font la différence dans un scrutin serré. Dans chaque élection depuis le 6 janvier 2021, le parti qui se fait passer pour le plus extrémiste perd quasi systématiquement. Cela semble signifier que le moment de la disruption est passé, et qu'il est peut-être temps de proposer autre chose – pas le retour au Parti républicain de Bush, mais pas non plus un agenda trumpiste qui fait peur à toute une frange de l'électorat de classe moyenne américaine. On le sent dès le lendemain des *midterms*, puisque nombre de grands donateurs retirent leur précieux soutien au candidat Trump, tandis que les médias conservateurs se mettent à critiquer sérieusement non seulement son positionnement, mais aussi sa personne.

Il y a néanmoins un paradoxe au déclin (somme toute relatif) du trumpisme dans le Grand Old Party : sa présence rend une victoire au niveau national beaucoup plus compliquée (si ce n'est impossible), notamment du fait du 6 janvier 2021. Mais sans lui, il est tout aussi impossible de gagner une primaire républicaine, en témoignent ses taux de popularité très élevés en vue de la primaire républicaine de 2024. La droite américaine devra résoudre cette équation si elle veut gagner la présidence en 2024.

En attendant, au niveau global, les images de l'assaut du Capitole marquent profondément les opinions publiques occidentales, qui ont en prime droit à un remake tropical à Brasília, le 8 janvier 2023, soit deux ans presque jour pour jour après Washington. Les opinions publiques occidentales ne sont pas seulement alertées sur la dangerosité du populisme pour les institutions, l'effet est aussi grand sur les mouvements disrupteurs, dont les ailes légitimiste et révolutionnaire se scindent, laissant d'un côté les populistes révolutionnaires approuvant les méthodes des trumpistes et des bolsonaristes, de l'autre des modérés prêts à faire des compromis avec l'establishment pour faire passer leurs idées – ce qui signifie aussi se compromettre dans l'establishment. Ce sont ces derniers qui vont donner la première impulsion à droite vers le postpopulisme.

Un Brexit au goût amer

Autre grand symbole de l'emballement de la disruption des années 2010, le Brexit était devenu le point de référence absolu, y compris pour Donald Trump, qui dans les derniers jours de la campagne de 2016 avait promis à ses partisans que sa victoire serait « encore plus énorme que le Brexit ». Les brexiters attendaient bien sûr le moment de leur « libération » avec une grande impatience, tandis que les négociations traînaient en longueur. Mais derrière cette unité de façade, il existait en fait deux écoles absolument irréconciliables chez les brexiters : l'école gauchisante ou One Nation, à l'instar de Nick Timothy[1] et David Goodhart[2], voyait le Brexit comme une opportunité de refaire nation et concentrer les ressources du pays sur la question sociale en Grande-Bretagne, en lieu et place de l'ouverture à tout prix, symbolisée par le cosmopolitisme bruxellois. L'autre école, celle des libertariens, voyait au contraire le Brexit comme une occasion de se débarrasser de l'ensemble des contraintes et règles qui pesaient sur la City, pour faire de Londres le plus grand hub de la finance mondiale – en d'autres termes, il s'agissait de se concentrer sur le sud-est de l'Angleterre et faire d'elle une sorte de « Singapour-sur-la-Tamise ». Les deux points de vue étaient absolument irréconciliables, et l'un des deux clans allait forcément être déçu.

Au bout de quelques mois, le mécontentement est double : d'abord chez les libertariens, qui doivent souffrir en silence pendant la crise du coronavirus alors que le gouvernement de Boris Johnson dépense à tout va et régule l'économie comme jamais. C'est ensuite au tour des conservateurs One Nation de déchanter, tandis que le gouvernement Johnson s'éparpille dans les micromesures, abandonnant toute vision dès lors que le maître à penser de Johnson, le technopopuliste Dominic Cummings, est mis hors course pour avoir enfreint les règles du confinement qu'il a pourtant lui-même édictées. Cummings, la tête pensante des campagnes de Johnson, était le seul à même de pouvoir rassembler les deux écoles du Brexit ; son départ condamne forcément à terme l'avenir de son patron, qui, quelques mois plus tôt, avait pourtant obtenu une victoire historique pour le parti, laquelle promettait de totalement chambouler

1. Nick Timothy, *Remaking One Nation. The Future of Conservatism*, Londres, Polity, 2020.
2. David Goodhart, *Les Deux Clans*, *op. cit.*

le paysage politique britannique, avec notamment l'élection de nombreux députés conservateurs dans des circonscriptions ouvrières – le fameux « mur rouge » travailliste.

Le Premier ministre britannique profite néanmoins de quelques mois de répit, tandis que le Royaume-Uni récolte début 2021 les fruits d'une bonne stratégie d'acquisition des vaccins : non seulement un laboratoire britannique (AstraZeneca) a réussi à en développer un rapidement, mais en plus, le gouvernement a mis les moyens pour se les procurer plus vite que les autres. Prenant le pari de la vélocité plutôt que des prix bas, à l'inverse de la Commission européenne, le Royaume-Uni prend un temps d'avance sur ses voisins européens, et vaccine sa population beaucoup plus rapidement. On a alors la preuve qu'il existe bien des avantages au Brexit, notamment en termes de flexibilité, et on se met à rêver à Londres d'autres succès similaires qui deviendraient une vitrine de la disruption et inspireraient d'autres pays européens.

Las ! Le succès du gouvernement Johnson dure peu de temps. Les Européens avaient peut-être pris du retard, mais dans une course longue leur stratégie s'avère finalement aussi payante – et moins coûteuse. À la fin de l'année, Royaume-Uni et Union européenne ont tous deux vacciné plus des trois quarts de leur population. Il n'y a vraiment eu un avantage que pendant l'espace de quelques mois. Pendant ce temps, les problèmes s'accumulent : en Irlande du Nord d'abord, où l'accord d'une frontière douanière *de facto* en mer d'Irlande a secoué la communauté protestante, on voit des soutiens loyaux de la Couronne recourir à l'émeute en 2021[1]. Mais surtout,

1. https://www.lemonde.fr/international/article/2021/04/09/en-irlande-du-nord-les-emeutes-se-nourrissent-du-sentiment-de-trahison-des-unionistes-apres-le-brexit_6076098_3210.html

ni le surcroît d'investissement promis au système de santé, ni celui de croissance dû à une plus grande flexibilité ne se matérialisent. Au contraire, le Royaume-Uni récupère plus lentement que ses voisins, et le marasme s'installe autant dans l'économie que dans la société, avec une inflation plus élevée que celle des voisins européens[1].

Quatre ans après le Brexit, le bilan est mince : du côté des victoires, seul le succès de la vaccination vient à l'esprit. Les défaites, par contre, sont nombreuses : la Banque d'Angleterre a estimé que le Brexit a déjà déprimé les investissements de 25 % dans les cinq années de transition[2], tandis que les premières projections des think tanks nationaux montrent que l'économie britannique est aujourd'hui 5 % plus pauvre que si le Royaume-Uni était resté dans l'Union européenne[3]. La déprime semble également gagner l'opinion publique, le « Bregret » (ou regret du Brexit) devenant un mot accepté dans la langue anglaise, avec des taux frôlant les 60 % de réponse négative à la question « Pensez-vous que le Royaume-Uni ait bien fait de sortir de l'Union européenne[4] ? ». Pire encore pour ceux qui rêvaient que l'exemple d'Albion serait bientôt suivi par d'autres pays, détruisant l'Union européenne ou la réduisant à sa portion congrue, les résultats des enquêtes dans les pays membres ont montré que c'est le contraire qui s'est produit : l'idée d'un Frexit, Italexit ou autres Nexit a perdu du terrain, parfois de manière spectaculaire,

---

1. https://www.nationalworld.com/news/uk/inflation-rate-europe-2022-how-october-uk-cpi-compares-eu-countries-germany-france-3571914
2. https://www.economist.com/leaders/2023/01/05/a-realistic-path-to-a-better-relationship-between-britain-and-the-eu
3. https://www.economist.com/britain/2023/01/03/the-impact-of-brexit-in-charts
4. *Ibid.*

comme en Italie ou aux Pays-Bas[1]. La Grande-Bretagne se voulait pionnière, elle est devenue une mise en garde pour les pays du continent qui pourraient être tentés par une sortie de l'UE.

D'autant plus que, dans le même temps, la politique britannique s'emballe : affaibli par la perte de Dominic Cummings et des indicateurs économiques moins forts que prévu, Boris Johnson est secoué fin 2021 par le scandale des fêtes fortement alcoolisées qui avaient eu lieu au 10 Downing Street pendant le confinement (ou *Partygate*). On découvre alors que Boris Johnson a non seulement menti à la presse sur les fêtes, mais aussi à ses propres députés sur nombre d'autres sujets : l'image d'un Boris Johnson esbroufeur s'installe alors rapidement dans une opinion qui l'avait pourtant porté aux nues quelques mois plus tôt pour sa politique vaccinale[2].

La chute de Boris Johnson intervient quelques mois après celle de Sebastian Kurz, lui aussi acculé à la démission pour cause de mensonge et de favoritisme – voire de corruption. En quelques mois, les deux visages du « populisme décent » professé par David Goodhart sont mis hors course, et les politiques amenés à les remplacer semblent très loin de s'inscrire dans la droite lignée de leurs prédécesseurs : si Liz Truss revendiquait une certaine différence et une envie de remettre en cause le statu quo en privilégiant la croissance sur tout le reste (une position qui, intellectuellement, avait au moins le mérite d'engager la discussion), cette fois-ci les élites mettent le frein. Après quelques semaines en poste et un minibudget aux conséquences

1. https://www.theguardian.com/world/2023/jan/12/support-for-leaving-eu-has-fallen-significantly-across-bloc-since-brexit?CMP=Share_AndroidApp_Other

2. https://www.theguardian.com/politics/2022/oct/21/boris-johnson-pm-partygate-covid

catastrophiques sur la confiance de la City, l'éphémère résidente du 10 Downing Street doit démissionner, sous la pression des marchés financiers et de son propre parti, en chute libre dans les sondages. Son remplaçant, Rishi Sunak, ancien banquier d'affaires et marié à une millionnaire indienne, a toutes les caractéristiques rêvées par l'establishment britannique : grandes écoles (Oxford, Stanford), la City, modération, et surtout promesse d'une normalisation qui passe également par un rapprochement avec l'Union européenne. Au grand dam des brexiters les plus durs, la disruption a vécu en Grande-Bretagne. Avec cette différence néanmoins : le Brexit, lui, est bien une réalité et ses conséquences se feront sentir longtemps.

Malgré des scores électoraux impressionnants dans un premier temps, le populisme décent de Boris Johnson s'avère être un échec quasi complet, de même en Autriche pour Sebastian Kurz qui, sans être équivalent au Brexit, ne laisse en héritage à l'ÖVP qu'un quasi-retour à la case départ : de Die Neue Volkspartei (le Nouveau Parti populaire), le parti devient simplement Die Volkspartei, alors qu'il chute dans les sondages au profit du FPÖ, d'extrême droite, revenant à des niveaux de soutien plus proches de ceux de l'avant-Kurz. Au moins sait-on gré à Johnson d'avoir remisé le parti du Brexit de Nigel Farage aux oubliettes, à un prix néanmoins très élevé : les élections parlementaires de 2024 promettent d'être aussi dantesques que celles de 1997, qui avaient éloigné le Parti conservateur du pouvoir pendant plus d'une décennie.

La guerre en Ukraine et la fin des illusions russes

Dernier grand bouleversement dans cette période charnière 2020-2022 : l'invasion de l'Ukraine, lancée le

24 février 2022 par Vladimir Poutine. Celle-ci a constitué un choc pour tout l'Occident et, quelle que soit son issue, elle a déjà profondément changé l'environnement géopolitique de l'Europe, et même au-delà. Là aussi, le sujet est extrêmement vaste, aussi nous concentrerons-nous le plus possible non sur le déroulement du conflit ou ses conséquences plus larges au niveau géopolitique, mais sur les effets sur la disruption politique et le populisme.

La Russie a en effet été une clé de la disruption des années 2010 : en projetant une image de puissance retrouvée, que ce soit avant 2014 par une croissance économique soutenue ou plus tard par l'annexion de la Crimée et la guerre en Syrie, Vladimir Poutine a exploité un des fondamentaux de la disruption politique, celui du déclin de l'Occident, qui devait faire place à un nouvel ordre mondial. En effet, pour quasiment tous les populistes des années 2010, et à divers degrés, l'idée moderne de l'Ouest et de tout son bagage culturel – notamment le libéralisme – était soit un mensonge (pour la gauche), soit le lent suicide d'une culture qui avait renié ses fondements. Vladimir Poutine a vu très tôt dans les années 2000 les germes de la disruption apparaître, et il s'est servi du thème du déclin pour construire un narratif compatible pour les deux grands types de disrupteurs : à gauche, au-delà des vieux réseaux de l'Union soviétique, on a ainsi vu ressurgir le verbiage de la Russie faiseuse de paix face à l'impérialisme américain – alors même que dans les années 2010, c'était bien la Russie qui envahissait ses voisins. On a retrouvé ce type de discours dans la bouche de leaders comme Jean-Luc Mélenchon, Beppe Grillo ou Jeremy Corbyn, par exemple.

La propagande poutinienne s'est néanmoins retrouvée encore plus attrayante à droite, où l'idée d'une Russie conservatrice, sauveuse de l'Occident en décadence, avait elle aussi un bagage historique. Autant les références à la paix et à l'anticolonialisme sont la marque de soixante-dix ans de propagande soviétique sur la gauche européenne, autant celles au conservatisme nous ramènent à la période de la Restauration, au début du XIXe siècle. L'image que la Russie tsariste se donne après la Révolution française est celle de la garante des valeurs traditionnelles et de la chrétienté. Cette Russie leader de la Sainte-Alliance était déjà un mirage à l'époque : parti à l'est pour y chercher des arguments pour la monarchie absolue et contre les systèmes représentatifs, le marquis de Custine rentre de son voyage profondément déçu, et sa description de *La Russie en 1839*, dans laquelle il dénonce la pauvreté des campagnes, l'hypocrisie des élites et le despotisme non éclairé de son autocrate, résonne encore aujourd'hui[1]. Malheureusement, si des Custine modernes (y compris l'auteur de ce livre) se sont mobilisés pour montrer le vrai visage de la Russie dans les années 2010, ils n'ont pas su être assez convaincants pour dénoncer les manœuvres d'influence russe pour ce qu'elles étaient : de l'intoxication à grande échelle.

L'image de Moscou en tant que défenseur des valeurs traditionnelles était en fait un mirage, et il suffisait de creuser un peu pour se rendre compte de la supercherie. La Russie est en effet un pays fortement soviétisé, dont la quasi-totalité du leadership réel est exercée par d'anciens (ou actuels) membres des forces de sécurité, formés par l'école d'espionnage de l'Union soviétique. On retrouve ce soviétisme dans la mentalité de la majorité des Russes, qui ont mal vécu la période de libéralisation sauvage après la chute de l'URSS, d'où le succès des politiques de mémoire nostalgistes commencé dès

1. Astolphe de Custine, *La Russie en 1839*, Paris, Librairie d'Amyot, 1843.

avant l'arrivée de Vladimir Poutine au pouvoir. Mais au-delà de la question du passé (et du présent) soviétique, il y a surtout une société en plein marasme démographique, à l'exact opposé de l'image véhiculée par le Kremlin : la Russie est un des pays avec le plus grand nombre de familles monoparentales dans le monde et les taux de divorce y sont très élevés (4,8 pour mille en moyenne, soit plus de deux fois plus qu'en France). L'indice de fécondité (1,52 enfant par femme) est là aussi inférieur à la France[1], et insuffisant pour renouveler une population qui doit compter sur l'immigration du Caucase et d'Asie centrale ainsi que sur un taux de natalité plus élevé chez les minorités ethniques autochtones, toutes principalement musulmanes, pour limiter les dégâts. Autant dire qu'on est très loin de l'image d'Épinal d'une glorieuse et sainte Russie chrétienne sur le point de délivrer l'Occident de sa décadence morale.

Mais finalement, la réalité d'une Russie pas si sainte que cela importait-elle vraiment à tous ceux qui, comme Thierry Baudet, Matteo Salvini ou Marine Le Pen, vantaient les mérites de Vladimir Poutine, l'homme qui avait remis la Russie sur les rails par le triomphe de sa volonté ? La question mérite d'être posée, dans la mesure où ce qui a surtout fasciné les disrupteurs (mais aussi les politiques plus classiques), c'est l'image de puissance véhiculée par Vladimir Poutine et son appareil de propagande : puissance physique personnelle bien sûr, mais aussi puissance de l'État, qui se plie tout entier à la volonté du maître dans ce qui semble alors être un projet de renaissance nationale. C'est ce qui fait rêver Éric Zemmour d'un « Poutine français », en septembre 2018,

---

1. Chiffres officiels publiés par le Service fédéral d'État de la statistique (Rosstat) de la fédération de Russie, consultable sur le site officiel de Rosstat : https://rosstat.gov.ru/folder/210/document/13207

lors d'une interview au journal *L'Opinion* : « Il prend un empire, qui a été une grande puissance, qui est un empire en déclin, et il essaie de le redresser[1]. »

On retrouve dans cette intervention tous les aspects du mythe poutinien : celui de la puissance perdue puis retrouvée, du redressement par la force et la volonté, mais également celui du déclin de l'Occident, censé être enrayé par une gouvernance autoritaire – et c'est pour fuir la décadence morale et intellectuelle du libéralisme cosmopolite et anglo-saxon qu'il faut se rapprocher des autres modèles civilisationnels en pleine croissance, et notamment la Russie. Celle-ci a le mérite, aux yeux de ses apologistes, d'être blanche et chrétienne – même si, en réalité, la Russie, puissance eurasiatique qui se définit comme telle au moins depuis 1999[2], possède une minorité musulmane de 10 à 15 %, en pleine croissance, qui pourrait atteindre les 30 % vers le milieu ou la fin des années 2030, comme l'a rappelé Bruno Tertrais dans son article paru quelques jours avant le début de l'invasion russe[3].

La démographie, justement, est-elle l'une des raisons principales qui ont encouragé Vladimir Poutine à envahir l'Ukraine ? C'est probable, tant on sait que la question musulmane hante les cercles de pouvoir soviétiques puis russes depuis les années 1970[4]. L'idée d'ajouter

1. https://www.youtube.com/watch?v=4dlkGM09zEQ

2. En 1999, le livre blanc sur « la stratégie russe de moyen terme vis-à-vis de l'Union européenne » annonce très clairement la couleur : la Russie y est décrite comme « une puissance mondiale à cheval sur deux continents qui chérit et défend son indépendance ». Cité dans Kristi Raik et András Rácz *et al.*, *Post-Crimea Shift in EU-Russia Relations. From Fostering Interdependence to Managing Vulnerabilities*, Tallinn, International Centre for Defence and Security, 2019, p. 49.

3. https://legrandcontinent.eu/fr/2022/02/22/le-viol-de-lukraine/

4. Voir notamment Hélène Carrère d'Encausse, *L'Empire éclaté. La révolte des nations en URSS*, Paris, Flammarion, 1978.

9 millions de Bélarusses et 43 millions d'Ukrainiens pour compenser la dynamique nettement favorable aux musulmans n'a certainement pas été étrangère dans les choix du maître du Kremlin. On retrouve constamment cette rationalité dans le raisonnement de Vladimir Poutine, qui n'a jamais caché son déni de l'existence d'une nation ukrainienne, que ce soit en 2008 lorsqu'il clame à George W. Bush que « l'Ukraine n'est même pas un vrai pays[1] », en 2014 lorsqu'il lance le concept d'une « nouvelle Russie » ou *Novorossia* incluant non seulement le Donbass mais tout l'est et le sud de l'Ukraine, ou encore en juillet 2021 lorsqu'il signe un article à la véracité historique plus que douteuse proclamant que Russes et Ukrainiens ne forment qu'un seul et même peuple, russe bien entendu[2].

Vladimir Poutine avait-il déjà pris la décision d'envahir l'Ukraine au moment de la publication de cet article ? Ce n'est pas impossible, et il est probable que les plans d'invasion aient commencé bien avant, probablement dès 2014 et l'échec des Russes à former cette *Novorossia* qui aurait permis de relier le Donbass russe à la Transnistrie, autre territoire fantoche contrôlé par Moscou. Mais il existe une différence entre préparer la guerre (parfois pour conserver la paix, comme le veut l'adage latin) et prendre la décision de faire la guerre. Ce choix fatidique repose à la fois sur un calcul coût-bénéfice pour le décideur, et il comprend aussi une décision sur le moment où l'attaquant a le plus de chances de l'emporter à un faible coût. Vladimir Poutine a certainement estimé que celui-ci était idéal, et que la fenêtre de tir pour accomplir son but allait bientôt

1. https://www.belfercenter.org/publication/you-have-understand-george-ukraine-not-even-country
2. http://en.kremlin.ru/events/president/news/66181

se refermer : en 2021, le monde est en train de sortir progressivement de la crise de la Covid, Américains et Européens sont encore concentrés sur leurs propres problèmes, et la débâcle du retrait d'Afghanistan, effectué dans le désordre, a fait ressortir la faiblesse et les divisions des Occidentaux. Pendant ce temps, les Azéris ont montré durant la courte deuxième guerre du Haut-Karabakh que les drones étaient bien capables de changer le rapport de force sur le champ de bataille, et ce sont justement ces drones turcs utilisés contre les Arméniens que les Turcs ont décidé de codévelopper avec les Ukrainiens, dont l'armée se professionnalise et se modernise à marche forcée depuis 2014 du fait de la guerre qu'elle doit livrer par proxy (à peine) interposé à la Russie. Le timing de l'invasion, qui doit être une guerre éclair et être présentée comme une opération de police similaire à celle qui a eu lieu un mois plus tôt au Kazakhstan, n'est donc pas fortuit, et il inclut à la fois un calcul sur le rapport des forces du moment et sur son évolution dans les mois et les années à venir.

On ne peut donc pas dire, comme on a pu l'entendre chez certains « experts » et politiques, que l'invasion de l'Ukraine a été une décision irrationnelle – c'est nous qui avons mal compris la rationalité de Vladimir Poutine. On a pu s'en rendre compte depuis le 24 février 2022, le raisonnement du maître du Kremlin n'est pas celui d'un joueur d'échecs, mais au contraire celui d'un parieur compulsif qui, une fois sa veine terminée, continue de jouer, même jusqu'à la ruine, en espérant désespérément le retour de sa chance. Voilà là un premier mythe poutinien qui s'effondre dans les semaines qui suivent le début de l'« opération spéciale », dans laquelle l'image véhiculée par Vladimir Poutine et les fantasmes de ses thuriféraires en Occident vont se retrouver confrontés à une réalité bien différente que ce qu'ils avaient anticipé.

La guerre d'abord : les populistes pro-Poutine ne pouvaient pas l'imaginer, sinon comme une opération militaire limitée, le déplacement savant d'une pièce dans un jeu d'échecs. En France, nous sommes alors en pleine campagne présidentielle, et dans les semaines qui précèdent l'invasion, les candidats populistes s'en donnent à cœur joie : Éric Zemmour, sur France 2 en décembre 2021, en « prend le pari, la Russie n'envahira pas l'Ukraine » ; sur la même chaîne, le 7 février, soit dix-sept jours avant l'invasion, Marine Le Pen confirme qu'elle « n'y croit pas du tout. Je ne vois pas ce que les Russes iraient faire en Ukraine[1] » ; trois jours plus tard, toujours sur France 2, Mélenchon inverse les rôles, et pour lui « les États-Unis ont décidé d'annexer dans l'Otan l'Ukraine », et c'est la Russie qui « se sent humiliée, menacée, agressée[2] ».

Au lendemain de l'invasion, les leaders populistes français accusent le coup et souffrent tous d'une perte de crédit après s'être trompés ouvertement sur la réalité du régime poutinien : en effet, le retour de la guerre en Europe était prévisible[3], la Russie de Vladimir Poutine n'avait jamais caché son dédain pour l'idée même d'une nation ukrainienne et en faisait d'ailleurs une pièce maîtresse de sa propagande à l'égard des élites françaises,

1. https://www.leparisien.fr/elections/presidentielle/video-invasion-russe-en-ukraine-quand-le-pen-et-zemmour-ny-croyaient-pas-24-02-2022-QOVBK2CRGVF25E65QM2AK7LYXA.php

2. https://www.lavoixdunord.fr/1144717/article/2022-02-24/invasion-russe-en-ukraine-le-pen-zemmour-et-melenchon-sur-la-defensive

3. Voir mon ouvrage précédent, publié en 2021, qui anticipait déjà le retour de la guerre en Europe. Thibault Muzergues, *Europe champ de bataille. De la guerre impossible à une paix improbable*, Paris, Le Bord de l'eau, 2021.

allemandes, italiennes ou néerlandaises. Elle avait également montré son bellicisme en envahissant la Géorgie en 2008, la Crimée et une partie du Donbass (par républiques fantoches interposées) en 2014, et dans son engagement dans la guerre de Syrie depuis 2015. Moscou représentait donc la menace à la paix en Europe la plus imminente dans un environnement géopolitique qui ne cessait de se détériorer. Pour ne pas l'avoir vu, les dirigeants populistes pro-Poutine en ont payé un prix variable. La guerre en Ukraine a enfoncé Thierry Baudet, Matteo Salvini ou Éric Zemmour, dont la popularité déjà déclinante au début de l'année 2022 dévisse franchement après l'invasion. Marine Le Pen et Jean-Luc Mélenchon semblent au contraire être peu affectés, car leur campagne repose sur un leadership historique de la disruption et une base sociologique forte, avec un soutien fidélisé chez la classe ouvrière pour la première, et chez les *millenials* pour le second. Cette base électorale, combinée à un discours centré principalement sur les problèmes sociaux alors que l'inflation devient un enjeu de campagne, leur permet de tenir le choc puis de faire le plein de voix le jour de l'élection, alors que l'Ukraine prend moins de place dans les journaux télévisés. Comme avec Donald Trump, on constate que la disruption est encore là et qu'il faut compter sur les populistes, même s'ils ne semblent plus à même de gagner seuls les élections.

Mais au-delà de ses effets immédiats (les mauvais scores de la Lega aux élections législatives du mois de septembre 2022 sont aussi liés à la perte de popularité de Matteo Salvini), la guerre renverse également l'image que voulait se donner la Russie auprès de publics clés en Occident. D'abord la paix : même s'il continue d'exister un « parti de la paix » à tout prix dans la classe politique occidentale, celui-ci se voit beaucoup plus isolé après le début de l'invasion : ceux-là sont les mêmes qui avaient parié que la Russie n'envahirait pas l'Ukraine, et il est bien plus difficile de légitimer auprès du public l'action d'un État clairement agresseur. À droite, l'image d'un Vladimir Poutine défenseur des « vraies » valeurs de l'Occident est là aussi écornée, du fait des destructions engendrées par le passage de l'armée russe, avec les massacres de civils qu'on découvre à chaque libération de zones ukrainiennes occupées : Boutcha, Hostomel et Borodyanka en avril, puis Izioum en septembre, et Kherson en novembre 2022. L'image de la Russie défenseuse de la chrétienté est également abîmée lorsqu'on découvre l'origine ethnique des bataillons envoyés pour « nettoyer » les zones occupées. La plupart de ces soldats sont des Kalmouks (bouddhistes) et des Tchétchènes (musulmans) et, s'ils ne participent pas forcément aux combats, ils forment le gros des troupes qui « nettoient » les zones occupées, un aphorisme pour signifier pillages, tortures et viols qui deviennent le lot quotidien des territoires ukrainiens soumis au joug russe. C'est l'image d'un Vladimir Poutine lâchant des « hordes » asiatiques, souvent musulmanes, sur un pays chrétien qui a tendance à s'installer en Europe, avec un impact non négligeable dans nombre de partis de droite sur le continent.

Mais surtout, c'est l'image de puissance projetée par Vladimir Poutine, la principale attraction pour les populistes, qui disparaît avec l'invasion de l'Ukraine. Ce devait être une « opération spéciale » de quelques jours, suivis par quelques semaines de terreur avant un retour à une nouvelle normalité en Ukraine, mais aussi dans le monde – les services de propagande russe avaient d'ailleurs préparé un certain nombre d'éditoriaux, prêts à sortir au lendemain du succès de l'opération, pour marquer le coup et montrer que l'Europe et le monde étaient rentrés dans une nouvelle ère postoccidentale, où la démonstration de force de la Russie aurait donné le ton[1]. Le déroulement de la guerre, avec les défaites russes aux portes de Kiev, puis à Kharkiv, Izioum et Kherson, ainsi que les attaques ukrainiennes sur le navire amiral de la flotte russe (coulé en avril 2022), en Crimée et sur le territoire russe, montrent à quel point l'armée russe était mal préparée pour une invasion de cette envergure. Dans ce contexte de défaites et d'humiliations en série, les images d'un Vladimir Poutine vieilli, restant cloîtré au Kremlin tandis que ses généraux (et les chefs de milices plus ou moins privées) se battent pour conserver leur influence, tranchent avec celle d'un Volodymyr Zelensky résistant en treillis, au plus près de ses troupes et de la population ukrainienne. La puissance et la vertu d'un côté, la faiblesse et la corruption de l'autre ne sont peut-être finalement pas du côté où l'on s'y attendait.

D'autant plus que l'invasion a également un effet sur les Occidentaux, galvanisés par la résistance ukrainienne et qui restent unis face à l'adversité, contrairement à ce que Poutine attendait. Encore traumatisés par la débandade afghane de l'été 2021, les Européens (de l'Ouest) s'étaient montrés plus que sceptiques devant la publication des intentions de la Russie par les renseignements américains et britanniques. Ils avaient ensuite, dans les premiers jours de la guerre, serré les rangs tout en se préparant à une défaite de l'Ukraine dont ils estimaient qu'elle serait suivie d'une longue guérilla qui pourrait à la longue lasser la puissance russe. Or, il devient vite

1. Voir par exemple la tribune publiée par erreur sur RIA Novosti le 26 février, récupérée puis traduite en français par la Fondation pour l'innovation politique : https://www.fondapol.org/decryptage/la-russie-na-pas-seulement-defie-loccident-elle-a-montre-que-lere-de-la-domination-occidentale-mondiale-peut-etre-consideree-comme-completement-et-definitivement-revolue/

évident que les choses ne se passent pas comme prévu du côté du Kremlin, avec de gros problèmes de logistique et surtout la combativité remarquable d'une armée ukrainienne encore mal équipée mais très bien entraînée et surtout tactiquement prête. Celle-ci inflige dès les premiers jours des pertes considérables à l'ennemi. L'attitude héroïque de Zelensky, acteur devenu chef de guerre, symbolise le courage des Ukrainiens et contraste avec la situation en Afghanistan quelques mois plus tôt : là où le président afghan, Ashraf Ghani, s'était enfui quelques heures avant la chute de Kaboul en août 2021, Zelensky décide de rester à Kiev. Et lorsque les Européens lui proposent leurs services pour l'aider à sortir de la capitale et continuer le combat depuis l'ouest de l'Ukraine ou la Pologne, le président ukrainien répond qu'il a « besoin de munitions, pas d'un taxi[1] ».

Apocryphe ou non, la réponse de Zelensky est symbolique d'un tournant dans l'histoire de la perception de l'Occident par les Occidentaux eux-mêmes : ceux-ci retrouvent du courage. Alors qu'il était tombé en désuétude dans le débat public en Europe et en Amérique du Nord, sinon pour déplorer ses fautes historiques ou son déclin présent, le terme refait une apparition marquée dans les discours politiques à droite et à gauche, dans le contexte d'un conflit Est-Ouest clair et net[2]. D'une manière paradoxale, c'est à Kiev, capitale d'un

1. https://www.parismatch.com/Actu/International/Volodymyr-Zelensky-a-refuse-d-etre-exfiltre-J-ai-besoin-de-munitions-pas-d-un-chauffeur-1790804

2. Voir par exemple les déclarations du sénateur républicain de l'Alaska Dan Sullivan à la suite de l'invasion, faisant le lien entre l'agression russe et l'expansionnisme chinois. L'Occident y est peu mentionné, mais on y lit entre les lignes que le combat est bien entre un Occident démocratique et les autocraties chinoise et russe. https://www.sullivan.senate.gov/newsroom/press-releases/sullivan-statement-on-russian-invasion-of-ukraine-and-its-broader-implications

pays déchiré entre sa volonté de rejoindre l'Europe et celle de Moscou de le contraindre à rester dans son giron, que l'Occident s'est retrouvé. Et l'héroïsme des Ukrainiens incite les Occidentaux à faire preuve de la plus grande fermeté face à Moscou, d'abord en prenant des sanctions extrêmement lourdes contre la Russie pour miner son économie, puis en livrant des armes de plus en plus sophistiquées pour aider l'Ukraine à vaincre et à recouvrer sa souveraineté.

L'Occident s'est donc retrouvé en Ukraine, et il a montré que les rumeurs sur sa mort imminente avaient été fortement exagérées, à la fois par ses ennemis et par les disrupteurs euro-américains qui avaient parié sur un « suicide de l'Occident » avec Pat Buchanan[1] et ses disciples aux États-Unis[2] ou en Europe[3]. À la fin 2022, alors qu'Américains et Européens sont sortis de la crise du coronavirus, la Chine fait face à de grosses difficultés intérieures à la suite de l'échec de sa politique « zéro Covid », l'Iran doit réprimer un mouvement de protestation majeur contre sa politique de contrôle des mœurs, tandis que la Russie continue de s'embourber en Ukraine. En un an, l'impression générale s'est totalement inversée. Non que les Occidentaux n'aient pas leurs propres difficultés à gérer, comme on a pu s'en rendre compte tout au long de l'année 2023, mais les puissances « modèles » de l'illibéralisme qui étaient censées mettre fin au règne de l'Occident sont toutes sur la défensive, la Chine post-Covid n'offrant que peu de perspectives de croissance en 2024.

Les événements de l'année 2022 fragilisent donc un pilier idéologique et international central de la disruption

---

1. Pat Buchanan, *The Death of the West*, *op. cit.* ; et Pat Buchanan, *Suicide of a Superpower*, *op. cit.*
2. Voir Michael Kimmage, *op. cit.*
3. Éric Zemmour, *op. cit.*

politique, celui de la faiblesse et de la décadence de l'Occident. Cela n'est pas sans conséquences sur le populisme euro-américain, qui marque le pas quasiment partout. La période 2022-2023 est une période de grand malaise au sein de la classe politique disruptive, alors que l'opinion publique se sent largement solidaire des Ukrainiens. Le malaise n'est pas seulement entre les dirigeants populistes et le « peuple » qu'ils sont censés représenter, mais aussi à l'intérieur des mouvements disrupteurs, qui n'ont jamais été aussi monolithiques que l'establishment a pu le penser. Alors qu'en 2021 Viktor Orbán avait semblé près de réunir l'ensemble des droites disruptives au sein d'un « supergroupe parlementaire » souverainiste européen[1], les années 2022 et 2023 voient une division de plus en plus claire s'installer entre une droite qui fait le choix de l'Occident pour diverses raisons (Fratelli d'Italia, Démocrates de Suède, par exemple) et une autre qui continue de faire le pari de l'eurasianisme et du continentalisme contre l'occidentalisme[2], menée par Viktor Orbán, Marine Le Pen et dans une moindre mesure Matteo Salvini, dont la position à l'égard de l'Ukraine devient de plus en plus illisible. Dans cette division entre les deux droites européennes, le divorce entre Polonais et Hongrois est probablement le plus spectaculaire ; consommé dès le mois de février 2022, il empêche désormais toute union des droites au niveau européen. Ici aussi, le populisme se retrouve dans l'impasse, et c'est bien cette impasse qui conduit à l'émergence d'un moment postpopuliste.

1. https://www.lepoint.fr/monde/le-pen-salvini-orban-la-premiere-alliance-des-nationalistes-02-07-2021-2433891_24.php

2. Voir Thibault Muzergues, *Europe champ de bataille*, *op. cit.*

Chapitre 4

L'émergence du postpopulisme

La période 2020-2022 marque un coup d'arrêt pour la disruption politique issue de la crise financière de 2008. Les quatre événements disséqués dans le chapitre précédent, le coronavirus, l'assaut du Capitole du 6 janvier, le Brexit et l'invasion de l'Ukraine par la Russie, changent radicalement la donne dans tous les aspects de la disruption : durant la crise Covid, les nouvelles technologies sont mises autant au service de la protestation contre les confinements qu'à celui des pouvoirs publics pour s'assurer que les citoyens suivront les consignes et restrictions sanitaires. Le nouvel outil devient donc un instrument de contrôle, et ce d'autant plus que le tabou de la censure sur les réseaux sociaux est levé à la suite de la suspension de Donald Trump de Twitter après l'insurrection du Capitole. Du côté de la disruption internationale, et malgré une première année très poussive, le coronavirus inverse également le rapport de force entre autocraties et démocraties, ces dernières étant les premières à développer un vaccin tandis que les soupçons s'accumulent sur l'origine chinoise du virus ; quelques mois plus tard, l'invasion russe de l'Ukraine ressoude l'Occident et détruit l'image de force et de maîtrise de la Russie, ainsi que ses narratifs sur la paix et la sauvegarde de l'Occident.

Dans cette atmosphère particulière, les populistes et autres disrupteurs se retrouvent pour la première fois sur la défensive au niveau global, au point qu'on commence à envisager une véritable contre-révolution. Comme souvent, ce sont les États-Unis et l'Italie, déjà pionniers dans le populisme[1], qui montrent la voie en soulignant à la fois l'ampleur du reflux et l'impossibilité d'un retour en arrière. C'est ce double mouvement qui permet l'émergence progressive du postpopulisme.

Le moment postpopuliste : défaite, contre-révolution et nouveaux départs

Le début des années 2020 prend dès le départ des allures d'hécatombe pour les populistes, qui après avoir perdu la Grèce et la Slovaquie en 2019, doivent faire face à de nouvelles défaites électorales en 2020, non seulement aux États-Unis mais aussi en Lituanie, qui vote pour mettre un terme au gouvernement populiste du Parti agrarien de Saulius Skvernelis[2]. Celui-ci est remplacé aux commandes de l'État balte par un gouvernement de tendance libérale-conservatrice, avec une politique étrangère très volontariste dans sa défense

1. Comme nous l'avons vu dans les chapitres précédents, la première vague disruptive des années 2010 avait commencé dès 2008-2009 aux États-Unis, avec l'émergence du Tea Party et du mouvement Occupy Wall Street. Côté italien, le populisme s'était déjà installé dès 1993 à la suite du scandale *Tangentopoli* ; les juges n'avaient d'ailleurs pas hésité à en jouer dans leur combat contre les hommes politiques de l'époque. Silvio Berlusconi puis Beppe Grillo font figure de prototypes du populisme de droite et de gauche dans les années 2000.

2. https://europeandme.eu/parliamentary-elections-in-lithuania-the-end-of-a-populist-tale/

de l'Occident libéral contre les autoritarismes russe et chinois. Même dynamique l'année suivante en France aux élections régionales, où les sortants des partis traditionnels sont largement reconduits, puis en République tchèque, où une coalition libérale conservatrice met fin en octobre 2021 au règne d'Andrej Babiš, le politique millionnaire qui s'était engagé sur la voie du populisme. Le parcours idéologique du parti principal de la coalition, le Parti démocratique civique (ODS), mérite d'ailleurs une attention particulière : en effet, l'ODS avait souffert dans les années 2000 et 2010 d'une radicalisation de son leadership, sous l'influence de l'ancien président eurosceptique Václav Klaus et de son fils Václav Klaus Jr. Or, après de trop nombreuses controverses, le leader de l'ODS Petr Fiala décide de faire du ménage, et exclut Klaus Jr., qui dès lors va perdre toute son influence dans la droite tchèque. Fiala opère alors une « recentrisation » de l'ODS : certes, le parti ne tourne pas totalement le dos à son euroscepticisme, traditionnellement fort dans une Tchéquie qui dans son histoire a dû sans cesse batailler pour ne pas se retrouver dans l'ombre de ses puissants voisins allemands, polonais, autrichiens et hongrois. Mais Fiala ne fait pas de sa position sur l'Europe un acte de foi, et s'allie au contraire aux forces de centre droit qui avaient justement quitté l'ODS à la fin des années 2000 pour offrir une alternative à son euroscepticisme. C'est ainsi qu'on voit une coalition de centre droit mêlant conservateurs modérés, chrétiens-démocrates et centristes européistes s'engager ensemble aux élections pour faire tomber Babiš. L'opération est un succès et la coalition menée par Fiala remporte une majorité qui permet d'éjecter le leader populiste de la chancellerie. Ce dernier ne se remet pas de son échec : à l'élection présidentielle de janvier 2023, Babiš ne termine qu'en deuxième position au premier tour, et perd largement au second tour contre Petr Pavel, le candidat antipopuliste soutenu par l'ODS (58,32 % contre 41,67 %).

Les populistes décents font aussi les frais de la nouvelle donne politique : Sebastian Kurz et Boris Johnson quittent la scène respectivement en 2021 et 2022, tandis que les *midterms* américaines affaiblissent l'aura de l'ex-président Trump, qui se déclare néanmoins candidat à la présidentielle dans la foulée de l'échec de la plupart de ses candidats et profite à nouveau de l'éparpillement des autres candidats républicains pour consolider son électorat tout au long de l'année 2023.

Italie : retour de l'ordre ou contre-révolution ?

Le signe le plus spectaculaire d'un retour à l'ordre est probablement à trouver en Italie, où le gouvernement Conte, soutenu par une coalition de gauche rassemblant les populistes du Mouvement Cinq Étoiles et le Parti démocrate de centre gauche, tombe en janvier 2021 sous les coups de boutoir de l'ancien Premier ministre Matteo Renzi, qui règle ici ses comptes avec les pentastellistes, lesquels lui avaient fait perdre son référendum constitutionnel en 2016, et par là même son poste de Premier ministre. En pleine crise du coronavirus, et alors qu'une Italie traumatisée par la première vague craint pour son avenir, l'idée d'une grande coalition allant de l'extrême droite à l'extrême gauche fait vite consensus, tout comme le nom du Premier ministre, forcément technocrate, qui devra présider à cette grande coalition : Mario Draghi.

Il y a un paradoxe à voir Draghi mener un gouvernement dont le groupe parlementaire le plus nombreux est le Mouvement Cinq Étoiles. L'ancien banquier d'affaires avait jusque-là été une cible de choix pour le mouvement pentastelliste, et sa carrière au service de l'Union européenne devrait tout avoir pour horripiler l'aile salviniste de la Lega. Or, dans les circonstances très particulières de la crise sanitaire, il n'en est rien. Ni le Mouvement Cinq Étoiles, divisé par l'expérience du pouvoir, ni la Lega ne font obstacle à l'arrivée de Mario Draghi, poussée par les milieux politiques traditionnels de gauche (PD), du centre (Italia Viva, de Matteo Renzi) et de droite (Forza Italia). Dès son arrivée, Draghi annonce la couleur : le nouveau gouvernement n'a aucune intention de faire perdurer la disruption, l'Italie retrouve une position internationale atlantiste et européenne après les aventures sino-russes des deux gouvernements Conte, et les disrupteurs sont finement rappelés à l'ordre : ceux qui ne voudront pas s'insérer pleinement dans le système n'auront pas de portefeuille ministériel, et le centre de décision du gouvernement sera au palais Chigi, siège de la présidence du Conseil, et pas ailleurs. Matteo Salvini, le grand disrupteur de la droite italienne dans les années 2010, en fait les frais : il voulait son maroquin, il n'en aura pas, car Draghi ne lui fait pas confiance.

Du côté du Mouvement Cinq Étoiles aussi, c'est la branche légitimiste qui est mise en avant : Luigi Di Maio, le ministre des Affaires étrangères du gouvernement Conte, celui-là même qui s'était rendu en France en pleine crise des Gilets jaunes pour soutenir la jacquerie[1], finit d'effectuer son chemin de Damas et se range pleinement derrière la politique atlantiste et européenne de Draghi pour garder son portefeuille. De son côté, l'ancien Premier ministre Giuseppe Conte reprend en main le Mouvement Cinq Étoiles, et réussit à exclure

1. https://www.la-croix.com/Monde/Europe/En-Italie-Cinq-etoiles-proposent-Rousseau-gilets-jaunes-2019-01-08-1200993967

Beppe Grillo du leadership, tandis que le parti se sépare de l'entreprise Casaleggio et de sa plateforme Rousseau, devenue encombrante à tous points de vue. Seule fausse note dans ce gouvernement d'union nationale : Giorgia Meloni refuse de faire entrer Fratelli d'Italia dans la grande coalition et devient le seul parti d'opposition – une opposition que Mario Draghi n'hésitera pourtant pas à qualifier de « plus loyale » que certains membres de son gouvernement. Le pari de Meloni s'avère payant dès le départ, puisque son parti, qui avait obtenu moins de 5 % des suffrages aux élections législatives de 2018, rafle toutes les présidences des comités parlementaires importants, réservés au(x) parti(s) d'opposition. C'est la première étape d'une crédibilisation et d'une ascension qui mènera Meloni au pouvoir l'année suivante.

Nous y reviendrons, mais, en attendant, il est intéressant de se pencher sur l'année et demie du gouvernement Draghi, qui met fin à la disruption politique en Italie. S'il est très clair que le nouveau président du Conseil a décidé d'exclure les « vrais » populistes de son gouvernement, on ne sait pas encore à quelle réaction on a affaire : s'agit-il d'une normalisation, d'un mouvement thermidorien comme on en a connu après la Terreur jacobine de 1792-1794, dans lequel la plupart des acquis de la disruption sont conservés, mais la gouvernance est au contraire normalisée ? Ou s'agit-il d'une réaction similaire à la Restauration, dans laquelle un establishment qui n'a rien oublié ni rien appris va tâcher d'effacer toute trace du moment qui vient de s'achever ?

Draghi, qui s'appuie sur une coalition large, mais dont l'essentiel est en fait composé de députés et sénateurs issus de partis populistes, opère pendant dix-sept mois un véritable numéro de funambule, à la fois pour atteindre ses objectifs d'une normalisation profonde et pour garder la cohésion d'un gouvernement tiraillé de toutes parts. La promesse du plan de relance aide Draghi à opérer des changements radicaux : puisque l'Union européenne va enfin financer la modernisation de l'État et de l'économie italiens, puisque la plupart des électeurs semblent plébisciter le président du Conseil dans les sondages, celui-ci peut se permettre d'aller loin dans la reprise en main, sans toutefois trop froisser les vaincus : à aucun moment Matteo Salvini ou Giuseppe Conte ne seront humiliés publiquement, malgré des tiraillements de plus en plus forts qui mettront d'ailleurs fin à la coalition en août 2022. Par contre, sur le fond comme sur la forme, le retour à l'orthodoxie est parfois spectaculaire, et beaucoup d'observateurs font le parallèle avec 1995, année où les politiques italiens, après deux années de mise sous pression par des juges qui ont pu un temps caresser l'idée d'exercer eux-mêmes le pouvoir, ont calmement mais fermement remis ces derniers à leur place[1].

États-Unis : de l'idéal de la contre-terreur aux réalités de la normalisation

Aux États-Unis aussi, la nouvelle administration Biden fait face au même dilemme que le gouvernement Draghi : comment mettre fin à la disruption et repartir de l'avant ? Durant la campagne de 2020, le candidat démocrate avait été clair : la présidence Trump était selon lui une aberration, un accident de l'histoire américaine, dont l'arc moral tendait forcément vers la justice. Dès lors, un retour à la normale ne peut se faire qu'en réaction radicale à l'égard du trumpisme. Dans le camp

1. Voir David Nelken, « Stopping the Judges », *Italian Politics*, vol. 11, 1996, pages 187-204, http://www.jstor.org/stable/43039658

démocrate, les éléments les plus à gauche n'hésitent pas à réclamer ouvertement des mesures de contre-terreur populiste, comme l'extension du collège des juges de la Cour suprême pour compenser les nominations de Trump. Les événements du Capitole le 6 janvier 2021 semblent également plaider en faveur de cette option.

Pourtant, les volontés contre-révolutionnaires des Démocrates font vite face à une réalité tout autre : quelques mois après la prestation de serment de Joe Biden, la gauche américaine perd une élection importante en Virginie et manque de peu de perdre le New Jersey, deux États pourtant sociologiquement acquis aux Démocrates. Dans ces deux élections intermédiaires, c'est le radicalisme de la gauche américaine que les électeurs ont rejeté, et notamment l'enseignement des fondements du wokisme (dont la théorie critique de la race) à l'école, que les parents pouvaient suivre en direct des écrans de leurs enfants pendant les périodes de confinement. Pendant ce temps, la crise de l'immigration empire du fait de l'appel d'air qui a suivi l'élection de Joe Biden.

Donald Trump parti, la frontière américano-mexicaine devient à nouveau un *hot spot* de la politique américaine, et les premiers pas de la vice-présidente Kamala Harris sur ce dossier ne convainquent ni les Démocrates ni les Républicains. Pendant ce temps, alors que l'inflation s'emballe dès la fin 2021, l'administration Biden doit composer avec une majorité étriquée dans les deux chambres pour faire passer ses projets de loi. Au Sénat, l'égalité parfaite entre Démocrates et Républicains donne un avantage aux sénateurs les plus modérés comme Mitt Romney, Susan Collins et Lisa Murkowski, mais surtout côté démocrate à Joe Manchin, qui modère les ardeurs du plan de relance de Biden et devient la bête noire des disrupteurs de la gauche américaine, en particulier le Squad d'Alexandria Ocasio-Cortez.

La situation n'est finalement pas si inconfortable pour un Joe Biden qui comprend vite qu'il est impossible de retourner aux années Obama comme s'il ne s'était rien passé. Le président ne peut ignorer ni l'opposition frontale d'une grande partie des Républicains, ni la vague rouge qui semble alors s'annoncer pour les *midterms* de 2022 (et qui ne se matérialisera finalement pas). Il ne peut pas non plus ignorer les thématiques qui ont fait le succès du candidat Trump : bon gré mal gré, le président démocrate va donc s'atteler à la question de l'immigration et continuer à sécuriser la frontière avec le Mexique (au grand dam de l'aile gauche du parti), tandis que le plan de lutte contre l'inflation voté en août 2022 reprend en grande partie l'agenda protectionniste de Donald Trump, même si ce protectionnisme est plutôt orienté vers la production de voitures propres et d'énergies renouvelables.

Aux États-Unis comme en Italie (ou encore en Lituanie et en République tchèque), la reprise en main par l'establishment ne prend pas des allures de contre-révolution, à la fois parce que les élites ne le peuvent pas du fait de la popularité persistante des populistes dans les sondages, mais aussi parce qu'une grande partie d'entre elles a bien compris qu'un retour en arrière est devenu impossible. Il n'y a donc pas de contre-terreur antipopuliste, mais dans la plupart des cas des tentatives de sortir de l'impasse : car si les populistes ne peuvent plus gagner les élections et si les non-populistes ne peuvent plus gouverner seuls ou tout du moins en ignorant les préoccupations soulevées par les populistes, une solution de synthèse s'impose. C'est ainsi que se forme progressivement le postpopulisme.

Postpopulisme de droite...

Ou plutôt les postpopulismes. Car de même que le populisme offre plusieurs visages, le postpopulisme revêt plusieurs formes, qui pourraient d'ailleurs se diversifier avec le temps. Malgré tout, c'est bien la droite qui aura la première franchi le pas du postpopulisme en campagne et au gouvernement, avec deux expérimentations en cours en Suède et en Italie, deux pays qui ont vécu des élections législatives au mois de septembre 2022, avec dans les deux cas un même résultat : une victoire électorale pour une union des droites, dans laquelle le parti ayant récolté le plus de voix était identifié par ses adversaires à l'extrême droite du spectre politique.

Le phénomène Meloni

Effectivement, dans les deux cas, la filiation historique avec l'extrême droite ne souffre pas de contestation. Malgré la coupure qu'a représentée le rassemblement des droites italiennes dans le Popolo della Libertá berlusconien, le parti de Giorgia Meloni, Fratelli d'Italia, descend directement de l'Alleanza nazionale de Gianfranco Fini, qui elle-même était issue du Mouvement social italien (MSI) postfasciste des années 1950-1960. Depuis ses débuts, où le MSI s'était clairement défini comme un parti décidé à « ne pas renier, ne pas restaurer », définissant ainsi l'idéologie ambiguë du postfascisme, le parti avait déjà fait un long chemin vers la normalisation.

La stratégie était devenue acte de foi dans les années 1990, avec la transformation du mouvement en Alleanza nazionale par Gianfranco Fini, et son entrée au gouvernement, qui correspondait à la sortie de scène des derniers survivants de la république de Saló. Preuve que la normalisation n'était pas une feinte, alors qu'il effectue une visite en Israël en tant que ministre des Affaires étrangères en 2003, Fini dénonce le fascisme comme le « mal absolu[1] ». Pendant cette période, son parti se transforme en un mouvement de droite conservatrice complètement intégré dans le jeu démocratique, au point d'être avalé par Forza Italia lorsque Silvio Berlusconi crée le Popolo della Libertà, le grand parti qui, comme l'UMP en France, doit alors unir l'ensemble de la droite. Après avoir été élu président de la Chambre des députés en 2008, Fini se paie d'ailleurs le luxe de devenir la clé de voûte de la médiation républicaine entre le président Giorgio Napolitano et Silvio Berlusconi, avant de faire tomber ce dernier en novembre 2011, au nom de la préservation « de la démocratie et de l'État de droit », selon ses dires.

Gianfranco Fini avait peut-être normalisé le parti dans les années 1990, mais au moment de la scission avec Berlusconi et de la création du parti, en 2012, Fratelli d'Italia s'inscrit plutôt dans la ligne disruptive qui caractérise les années 2010. Meloni n'est à l'époque pas encore très connue du grand public italien, mais ses prises de position s'inscrivent quasiment toutes dans la radicalité : en 2014, le programme du parti aux élections européennes promeut la sortie de la zone euro[2], une position défendue personnellement et publiquement par Giorgia Meloni la même année[3]. Le parti se veut alors eurosceptique, anti-immigration

1. Marco Mensi, *op. cit.*, p. 140.

2. https://formiche.net/2014/05/europee-2014-il-programma-pillole-fratelli-ditalia-an/

3. http://www.ilgiornale.it/news/interni/fratelli-ditalia-attacca-ci-vuole-coraggio-dire-addio-999950.html

et protectionniste, sujets encore tabous à l'époque et associés à l'extrême droite et au populisme.

Meloni est principalement définie par ses politiques natalistes, son opposition au mariage homosexuel (et plus largement aux droits LGBT) et son adhésion aux valeurs catholiques traditionnelles sur la vie (opposition de principe à l'avortement et à l'euthanasie, par exemple). Ce positionnement très à droite la rapproche de la droite disruptive promue alors par Viktor Orbán, qui la reçoit à Budapest durant la campagne des élections législatives de 2018. Durant cette période, le parti s'inscrit donc clairement dans le mouvement populiste qui monte en Europe, et il est probable que la seule raison pour laquelle Meloni ne parvient pas à percer dans les sondages est alors l'immense popularité de Matteo Salvini, dont le style beaucoup plus flamboyant lui permet d'endosser les habits du leader populiste. Si elle peut être plus radicale – et plus constante dans ses prises de position – que le chef de la Lega, la présidente de Fratelli d'Italia a d'abord du mal à s'imposer dans le paysage politique au-delà de l'électorat historique d'Alleanza nazionale fidélisé par Gianfranco Fini et ses prédécesseurs dans les années 1990 et 2000.

Le créneau populiste étant déjà occupé par Matteo Salvini à droite, Meloni choisit donc de s'inscrire dans une optique plus idéologique, en revendiquant clairement son appartenance à la droite : contrairement au leader de la Ligue, elle est « d'une droite qui n'inclut pas le Mouvement Cinq Étoiles ; et je n'irai jamais au gouvernement avec la gauche », clame-t-elle au cours d'un entretien à la chaîne d'information Sky TG24, le 16 mai 2019[1]. En d'autres termes, pour

1. https://tg24.sky.it/politica/2019/05/16/elezioni-europee-fdi-programma

elle, il est plus important d'être de droite que d'être populiste. Meloni s'écarte donc de la doxa disruptive, et on ne la verra jamais faire de l'humour plus ou moins gras à la télévision comme Silvio Berlusconi, ou sortir une pizza du four à la manière de Matteo Salvini.

Il n'est pas non plus question pour elle de gouverner par référendums ou par le biais de réseaux sociaux, outils qu'elle estime plutôt de gauche. Meloni est légitimiste, et si elle défend un modèle de changement pour le gouvernement italien, c'est celui de la centralisation des pouvoirs existants à Rome par le biais d'une présidentialisation du régime – même s'il n'est jamais clair dans son discours si le *presidenzialismo* dont elle se défend fait plutôt référence au modèle français, où les pouvoirs sont concentrés autour d'un président de la République élu par le peuple (là où le président italien est élu dans un conclave parlementaire), ou s'il s'inscrit plutôt dans un renforcement de la présidence du Conseil, équivalent de notre poste de Premier ministre[1]. En effet, la critique principale de Meloni et de ses alliés sur le parlementarisme italien des années 2010 est que celui-ci ne permet pas de donner le pouvoir au parti majoritaire, la plupart des gouvernements de cette décennie ayant été confiés soit à des technocrates comme Mario Monti ou Mario Draghi, soit à des politiques n'exerçant pas la charge de leader du parti avant de devenir Premier ministre. Si on peut reprocher à Giorgia Meloni une approche centraliste de l'exercice du pouvoir, il n'en reste pas moins vrai que, pour elle, celui-ci s'exerce par une élection, et non par la démocratie directe. Il y a là une constante chez

1. https://www.linkiesta.it/2023/01/meloni-presidenzialismo-riforma-costituzionale/

la leader de Fratelli d'Italia et, si elle se positionne très à droite dans l'échiquier politique, elle n'adhère pas à la doctrine populiste.

Il n'empêche, jusqu'à une date très récente, Meloni est clairement du côté de la disruption, et ses déclarations vont effectivement dans le sens d'un conservatisme très musclé, résumé dans le slogan officieux du parti à partir de 2019 : il s'agit de défendre « Dieu, la famille, la patrie ». La proximité avec le « Travail, famille, patrie » du régime de Vichy fait bien entendu penser à l'extrême droite en France, mais la référence n'est pas la même en Italie, où la devise du fascisme était plutôt « Croire, obéir, combattre ». En fait, le tryptique Dieu, famille, patrie renvoie plutôt aux écrits du philosophe démocrate du Risorgimento Giuseppe Mazzini, plutôt classé à gauche, et qui voyait parmi les *Devoirs de l'homme* la défense « des choses les plus saintes que nous connaissons : Dieu, l'humanité, la patrie, la famille[1] ».

Il est donc clair que Meloni s'inscrit dans le conservatisme politique, dans la droite lignée de Roger Scruton par exemple, le penseur du conservatisme anglo-saxon moderne, légitimiste mais non réactionnaire, dont elle se réclame. Dans le contexte des années 2010, ce conservatisme ne s'inscrit pas moins dans la logique de la disruption politique, même s'il n'est pas forcément populiste. En effet, les prises de position de la leader de Fratelli d'Italia sont toutes très clairement à droite, que ce soit sur l'avortement et le mariage homosexuel (qu'elle réprouve), ou l'immigration illégale, pour laquelle elle demande une tolérance zéro. De plus, pendant la crise de la Covid, son parti reste très

1. Giuseppe Mazzini, *Scritti editi ed inediti*, vol. LXIX, Imola, Galeati, 1935, p. 7.

sceptique à l'égard des mesures de confinement (qu'elle souhaite limiter au strict minimum) et de l'utilisation du masque (même si les députés suivent les règles en place dans les lieux publics entre 2020 et 2022). Meloni garde ses distances avec les vaccins, préférant ne pas vacciner sa fille et considérant que le vaccin ne doit pas être une religion[1]. À l'automne 2022, l'une des premières dispositions de son nouveau gouvernement sera d'ailleurs de mettre un terme à ce qu'il restait de restrictions sanitaires dans le pays, y compris le pass vaccinal.

Néanmoins, on constate également que le positionnement de Meloni et de Fratelli d'Italia évolue dans le sens de la normalisation dès la fin des années 2010. En 2019, il n'est déjà plus question de sortir de l'euro dans le programme du parti aux européennes. Durant la crise de la Covid, l'opposition aux restrictions sanitaires restera légitimiste, et si le parti organise des manifestations en Italie, celles-ci doivent rester dans les clous des règles sanitaires. Meloni prend également soin de se distancier de toute initiative qui sortirait du cadre strictement légal, que ce soit l'« occupation » du Parlement par les députés de la Lega en avril 2020 ou les violences lors des manifestations anti-pass vaccinal à Rome durant l'été 2021.

À cette date, Meloni a également beaucoup évolué sur les relations internationales, suivant ainsi le conseil de certains de ses proches, notamment les « centristes » Guido Crosetto, Adolfo Urso et l'ancien ministre des Affaires étrangères Giulio Terzi Di Sant'Agata, tenu pour être l'un des plus farouches « néoconservateurs » à la Farnesina, siège de la diplomatie italienne. Alors

1. https://www.repubblica.it/politica/2022/02/08/news/covid_meloni_no_vaccino_mia_figlia-336948922/

qu'entre 2015 et 2018 elle appelait régulièrement à voter la fin des sanctions contre la Russie[1], on la voit changer son discours progressivement à partir de 2019, date à laquelle la présidente de Fratelli d'Italia commence à s'afficher avec les milieux politiques américains et cultive les réseaux outre-Atlantique, du très conservateur CPAC à l'Aspen Institute de centre gauche[2], en passant par l'International Republican Institute.

La conversion de Meloni à l'atlantisme est progressive mais réelle, et elle est le reflet de trois facteurs : l'évolution de la situation internationale tout d'abord, comme nous l'avons vu au chapitre précédent ; l'influence grandissante dans son entourage d'un certain nombre de personnalités, au premier rang desquelles Crosetto, Urso et Terzi ; et enfin un certain opportunisme politique, puisque ce positionnement atlantiste sert à Meloni pour se démarquer des positions prorusses de Salvini, également compromis dans la signature des accords de la Route de la soie avec la Chine communiste lorsqu'il était au gouvernement[3].

Le tournant atlantiste n'est néanmoins qu'une étape dans le chemin de Damas qui mène Giorgia Meloni au palais Chigi, siège de la présidence du Conseil. Entre 2020 et 2021, l'électorat de droite s'est lassé du populisme light de Berlusconi et du populisme brut de Salvini. Le positionnement de Meloni, à la fois apopuliste et clairement à droite, donne alors à cette dernière l'occasion de prendre le leadership de sa famille politique, occasion qu'elle va exploiter à fond, en restant fidèle à ses valeurs, mais aussi en changeant

1. https://www.editorialedomani.it/politica/italia/quando-giorgia-meloni-stava-con-putin-w72j6i7i

2. https://formiche.net/2021/02/meloni-lamericana-se-la-leader-di-fdi-entra-nellaspen-institute/

3. https://formiche.net/2021/11/meloni-atlantista-salvini-sovranista/

sa rhétorique pour ne pas effrayer les électeurs plus centristes. En effet, même si son parcours et ses idées la situent clairement à droite, « la Meloni » reste un animal politique, et si Paris vaut bien une messe, alors Rome vaut également un peu de modération.

Si elle reste claire sur ses valeurs, la présidente de Fratelli d'Italia n'hésite pas à montrer clairement qu'elle ne s'engagera pas dans une contre-révolution morale si elle arrive au pouvoir : elle ne touchera ni au droit à l'avortement ni à l'union civile homosexuelle, par exemple. En fait, si l'on fait fi de l'écart qu'a constitué son discours incendiaire contre le progressisme prononcé en soutien au parti d'extrême droite espagnol Vox à Séville au mois de mai[1], la Meloni de 2022 s'est clairement transformée en leader d'une droite italienne certes clairement conservatrice sur les questions de société, mais très traditionnelle dans le reste de son positionnement, que ce soit sur l'économie[2] ou encore la politique étrangère. Ses orientations dans ce domaine se situent dans la droite ligne des celles de l'establishment italien depuis 1945 : atlantisme, attachement au projet européen (« Plus d'Italie en Europe, plus d'Europe dans le monde », propose le programme commun de la droite italienne en 2022[3]), et ouverture vers la Méditerranée. La conversion de Meloni est désormais complète, et c'est en leader d'une droite finalement assez traditionnelle qu'elle gagne les élections de septembre 2022 et devient présidente du Conseil italien.

1. https://www.lavanguardia.com/local/sevilla/20220614/8339971/vox-apoya-heredera-fascismo-giorgia-meloni-asumiendo-discurso-incendiario.html

2. https://www.challenges.fr/economie/italie-la-populiste-giorgia-meloni-se-convertit-a-l-orthodoxie-budgetaire_836170

3. https://www.ansa.it/documents/1660243246870_CENTRO-DESTRA.pdf

Ses premiers pas au gouvernement ne s'accompagnent d'ailleurs ni de scandales ni de menaces à l'égard de ses partenaires européens, comme cela avait été le cas par exemple lors de la formation des gouvernements populistes en Grèce en 2015 et en Italie en 2018. Sous le leadership de Giorgia Meloni, le nouveau gouvernement italien s'inscrit donc clairement dans une logique postpopuliste.

La Suède, l'autre pays du postpopulisme

On retrouve cette logique chez les Démocrates de Suède, dont le parcours est finalement assez similaire à celui de Fratelli d'Italia. Parti situé très clairement à l'extrême droite et proche de la mouvance néofasciste à sa naissance, en 1988, il commence un long chemin de normalisation dès 1995, date d'un premier changement de leadership qui mène à une longue série de purges de ses éléments les plus extrémistes. Néanmoins, c'est à partir de 2005 que le parti se transforme en parti de masse, sous le leadership du jeune Jimmie Åkesson, qui devient alors à 24 ans le plus jeune leader d'un parti suédois. Avec trois autres collègues, tous rencontrés à l'université de Scania (d'où leur surnom de « gang de Scania »), Åkesson accélère le mouvement de normalisation du parti, en expulsant tout individu associé ou compromis de près ou de loin avec les groupements d'extrême droite, et surtout en modernisant la communication et le programme du parti, notamment sous l'impulsion de Mattias Karlsson, considéré depuis comme l'idéologue des Démocrates de Suède, et qui comme Giorgia Meloni se réclame du conservatisme de Roger Scruton[1]. Le parti se définit principa-

1. https://expo.se/2020/02/sds-nya-tankesmedja-ar-inte-oberoende

lement par deux caractéristiques qui le distinguent du reste des autres formations politiques suédoises : une opposition de principe à l'immigration et l'adhésion au nationalisme[1].

La montée en puissance des Démocrates de Suède commence dès la fin des années 2000 et s'accélère à partir de 2010, date où le parti franchit le seuil des 5 % qui lui permet d'entrer au Parlement. Dès lors, il continue de monter en puissance, jusqu'à devenir le deuxième parti de Suède en nombre de voix – et le premier de la coalition de droite qui gagne les élections –, en septembre 2022.

Le succès des Démocrates de Suède tient à trois facteurs principaux : premièrement, des thématiques anti-immigration et nationalistes qui résonnent de plus en plus dans une société confrontée depuis des années à l'immigration de masse et à des problèmes d'intégration qu'elle ne peut plus cacher ; deuxièmement, un cœur électoral bien défini et qui s'étend progressivement à partir de sa base ouvrière et masculine au fur et à mesure que les tabous de l'immigration, de l'identité nationale et de l'intégration sautent dans la société suédoise ; et enfin, le charisme personnel d'Åkesson qui permet justement de lever ces tabous, si besoin en choquant les élites intellectuelles bien-pensantes. De bien des manières, les Démocrates de Suède s'apparentent aux populistes de droite dans le reste de l'Europe, en particulier dans la première moitié des années 2010, quand le parti devient le chef de file de la disruption politique. À la suite de la grande crise migratoire de 2015-2016, et alors qu'ils continuent de croître, les Démocrates de Suède semblent adhérer totalement au populisme :

1. Voir Johan Martinsson, *Les Démocrates de Suède : un vote anti-immigration*, Paris, Études de la Fondapol, août 2018, p. 11.

au Parlement européen, ils font alors partie du même groupe que UKIP de Nigel Farage et le Mouvement Cinq Étoiles ; en 2017, Åkesson et Karlsson signent une tribune dans le *Wall Street Journal* pour défendre Donald Trump à la suite de propos controversés sur l'immigration en Suède, et en 2018 Åkesson propose un référendum sur le Swexit, c'est-à-dire la sortie du pays de l'Union européenne[1].

Mais 2018 est aussi la date d'une grande déception pour le parti : alors qu'il semble s'imposer comme le premier parti de droite dans les sondages et semble même en mesure de contester la première place historiquement tenue par les sociaux-démocrates, le parti voit son soutien s'affaisser durant la campagne, et au lieu des 24 % promis avant l'été, il termine finalement en septembre à la troisième place, avec 17,4 % des voix. L'aile réformiste prend alors l'avantage et le parti commence un long effort de recentrage, qui passe par la coopération avec les autres partis suédois de centre droit, la construction de réseaux politiques avec des partenaires plus classiques à l'international, et un positionnement recentré sur les bases idéologiques du parti (défense de la nation suédoise, sécurité et immigration), sans le bagage populiste qui avait fait peur à l'électorat à la fin de la campagne de 2018.

C'est alors qu'après avoir pendant un temps été tenté par une disruption totale de nature populiste, le parti va reprendre le chemin de la normalisation, et se présenter en parti conservateur : si les partis traditionnels sont d'abord réticents, les Chrétiens-démocrates (KD) sont les premiers à briser le tabou en acceptant des réunions au Parlement avec les Démocrates de Suède

1. https://www.thelocal.se/20180816/swedish-populist-calls-again-for-swexit-referendum/

et en débattant publiquement avec eux. Du côté de Moderaterna, parti plus centriste, le chemin sera plus long, mais là aussi les relations se développent, malgré une très forte opposition de certains groupes du parti, et notamment les proches de Carl Bildt, qui voient d'un mauvais œil ces relations, dont ils estiment qu'elles mèneront forcément à la droitisation de leur parti.

Cette droitisation est effectivement un fait, mais elle correspond surtout à la réalité d'une société en plein malaise face à la montée de l'insécurité dans les villes suédoises et une immigration qui un temps a semblé complètement hors de contrôle. Sauf à se laisser satelliser par la gauche, les partis de droite traditionnels n'ont pas d'autres choix que de s'intéresser aux Démocrates de Suède, d'autant plus que ceux-ci sont demandeurs du dialogue, et prêts à faire des concessions. Lorsque je l'interviewe en 2022 pour un projet de l'IRI sur la disruption, Mattias Karlsson admet d'ailleurs que la stratégie de normalisation du parti n'a pas été le fait d'une adhésion du système à l'idéologie de son parti ; « Ils nous ont changés autant que nous les avons changés », me dit-il. Et effectivement, si les Démocrates de Suède restent fidèles à leur attachement à l'identité suédoise, à leur rhétorique anti-immigration et à leur discours sécuritaire, ils modèrent leurs propos sur toutes les autres thématiques : dès 2019 il n'est plus question de Swexit dans le programme du parti pour les européennes. Les Démocrates de Suède s'insèrent alors de plus en plus étroitement dans un système qui a accepté de lever les tabous qu'ils ont combattus par le passé. Étape finale dans la normalisation, au lendemain de l'invasion de l'Ukraine par la Russie, en février 2022, le parti abandonne son sacro-saint soutien à la neutralité de la Suède pour voter avec les autres partis sa demande d'adhésion à l'Otan. Le virage est cette fois spectaculaire : une semaine avant l'invasion, Åkesson avait déclaré dans un entretien à la télévision qu'il ne voulait pas avoir à « choisir entre Poutine et Biden[1] ».

Résultat de la normalisation du parti, lors des élections législatives de 2022, ce sont des Démocrates de Suède débarrassés de leur bagage populiste qui se présentent devant les électeurs. Ils recueillent 20,5 % des voix et deviennent le premier parti de droite du pays, devançant de plus d'un point Moderaterna. Le score combiné des partis de droite leur permet alors d'obtenir une majorité parlementaire incluant les Démocrates de Suède. Mais le gouvernement, lui, se fera sans eux : en effet, malgré les réticences des membres de son parti, Åkesson accepte de ne pas entrer au gouvernement mais de le soutenir au Parlement, comme ultime étape dans la normalisation du parti.

... et postpopulisme de centre droit

Le recentrage de Fratelli d'Italia et des Démocrates de Suède est d'abord dû au fait que malgré la radicalité de certaines de leurs propositions, ils se voient obligés de s'inscrire dans le jeu démocratique. Ils ont d'ailleurs de puissantes incitations institutionnelles à le faire, dans la mesure où le système parlementaire et multipartite des deux pays permet une cooptation des éléments marginaux dès lors qu'ils atteignent un certain niveau de soutien. Ceux-ci sont alors progressivement intégrés dans le système jusqu'à être totalement digérés. On retrouve ici le modèle français de la IIIe République, décrit par René Rémond dans son livre *La République*

1. https://www.nytimes.com/2022/09/20/opinion/sweden-democrats-elections.html

souveraine[1] – le secret de la longévité du régime résidant justement dans l'intégration des contestataires dans le système politique, notamment à gauche : c'est ainsi que le régime républicain sut progressivement convertir ses marges radicales, puis socialistes, avant de commencer à coopter les communistes à la fin de l'entre-deux-guerres. L'exemple des Radicaux, qui commencèrent effectivement comme des critiques fondamentaux, voire fondamentalistes du régime (d'où leur nom à l'origine) pour en devenir soixante ans plus tard son pilier le plus conservateur, en dit long sur cette capacité de digestion du régime parlementaire de l'époque. On a bien retrouvé un processus similaire à l'œuvre en Italie (dont le système politique s'est largement inspiré du modèle français), ainsi qu'en Suède.

Néanmoins, dans l'histoire de la normalisation des Démocrates de Suède et de Fratelli d'Italia, il n'est pas seulement question de pas faits en direction du système ; le système s'est également rapproché d'eux en levant les tabous qui avaient causé la disruption en premier lieu, et notamment sur l'immigration et l'intégration, deux thèmes qui ont pu être débattus plus librement après 2016. Et si des partis marginaux ont pu s'insérer dans le système, c'est aussi parce que les partis traditionnels ont fait un pas vers eux.

On pourra bien sûr objecter que cette « droitisation » des partis du centre et du centre droit avait commencé bien avant l'année 2020. En effet, la tentative d'appropriation qu'a été le « populisme décent » d'un Boris Johnson ou d'un Sebastian Kurz peut faire figure de précurseur dans ce domaine. Néanmoins, le mouvement actuel est tout à fait différent du populisme (décent ou

1. René Rémond, *La République souveraine. La vie politique en France, 1879-1939*, Fayard, 2002, p. 400.

non) en ce sens qu'il rejette ou ignore les fondamentaux populistes, que ce soit sur la trahison des élites envers le peuple, le besoin d'instaurer une démocratie directe ou même le style abrupt et parfois grivois du populisme.

Bavière et Berlin, populisme décent et postpopulisme

Pour se rendre compte de cette différence, il fallait assister au congrès de l'Union sociale chrétienne (CSU) bavaroise les 28 et 29 novembre 2022 à Augsbourg, où populisme décent et postpopulisme se sont côtoyés sur scène. Pour des raisons historiques, la Bavière a son propre parti de droite, l'Union chrétienne-sociale ou CSU. Historiquement ultra-majoritaire au niveau régional, elle est un allié naturel au niveau national de la CDU chrétienne-démocrate. Si les deux partis sont alliés et gouvernent ensemble à Berlin lorsque la droite allemande est au pouvoir, ils ont un fonctionnement et une identité tout à fait distincts : les Bavarois sont catholiques, et généralement beaucoup plus conservateurs que les autres Allemands, et cela se ressent souvent dans le positionnement de la CSU, généralement plus à droite que la CDU.

Cette différence de positionnement politique était devenue un gouffre dans la deuxième partie de l'ère Merkel, pendant laquelle la CDU s'était présentée comme un parti centriste plutôt que comme un parti de droite – une image clairement assumée avec le slogan du parti en 2016 – « *Die Mitte* », « le centre ». Cela avait l'avantage de positionner les chrétiens-démocrates en plein milieu de l'échiquier politique, mais laissait aussi un boulevard à droite pour d'autres formations, que ce soient les populistes de l'Alternative pour l'Allemagne (AfD) ou en Bavière le parti des Électeurs libres (Freie Wähler, ou FW), une alternative de centre droit à la CSU.

Le nouveau positionnement de la CDU avait franchement déconcerté les Bavarois, et la CSU en avait été la première victime au niveau électoral. En 2018, le parti avait perdu sa majorité absolue au parlement régional et obtenu le plus mauvais résultat de son histoire – notamment du fait de la poussée de l'AfD dans les zones périphériques et des électeurs libres dans les zones résidentielles. Comme chez le voisin autrichien, la réaction à cette disruption avait été le choix d'un populisme décent, marqué par le leadership de Markus Söder, avec des prises de position qui tranchaient à la fois sur le fond et sur la forme avec celle du merkelisme finissant. Les relations avec Berlin s'en étaient trouvées particulièrement affectées, et la désunion quasi publique entre CDU et CSU (sur laquelle s'étaient greffées des querelles de personnes) pendant la campagne nationale des législatives de 2021 n'avait pas été pour rien dans la défaite de la coalition chrétienne-démocrate.

À la suite de cette défaite, la CDU change donc de leader et tourne la page de l'ère Merkel avec Friedrich Merz, tandis que de son côté Markus Söder reste chef de son parti, et ministre-président de Bavière. L'arrivée de Merz à la présidence de la CDU, en janvier 2022, marque un changement d'époque dans l'histoire de la droite allemande, et son choix de la positionner clairement à droite sur l'échiquier politique allemand n'échappe à personne, au grand dam de l'aile merkeliste du parti, mais pour le plus grand plaisir de la CSU, qui peut à nouveau voir son vis-à-vis berlinois comme un vrai partenaire, y compris sur le plan idéologique.

Dans ce contexte, le congrès d'Augsbourg est le premier moment fort pour cimenter en public la concorde retrouvée entre les deux partis chrétiens-démocrates d'Allemagne, et Friedrich Merz a été dûment invité pour clore le congrès, tandis que Markus Söder est la star du premier jour. Cet alignement des planètes permet à l'observateur attentif de noter les différences entre les deux leaders. Le discours de Söder est à l'image du personnage et de son populisme décent, plein de bons mots et de figures de style, utilisés à la fois pour faire l'éloge de sa région et de la gestion de son parti, mais aussi pour envoyer des piques à la gauche et vers Berlin. Après tout, un populiste, même décent, doit se définir par rapport à un ennemi déconnecté des réalités, et même si Söder reste dans les limites du politiquement correct, son discours n'est pas sans rappeler celui d'autres populistes décents. Le leader bavarois fustige les élites berlinoises perdues dans un monde parallèle, la saleté et la corruption politique, voire morale d'une capitale nationale gérée par la gauche depuis des décennies, et bien sûr le wokisme, « importation berlinoise » qui ne prendra certainement pas pied en Bavière, tout du moins tant qu'il sera au pouvoir. Assistant au congrès ce jour-là, je retrouve dans le discours de Söder l'humour et la verve d'un Boris Johnson, mais aussi le positionnement public clairement à droite de Sebastian Kurz.

Le lendemain, en clôture, c'est au tour de Friedrich Merz, le patron de la CDU, de parler. Le discours, beaucoup plus sobre, est dans la droite ligne du postpopulisme : un positionnement clairement à droite sur toutes les questions de société (y compris sur le wokisme et l'immigration), mais un style plus rassurant, presque consensuel. Il faut dire que la tâche de Merz est de gérer les différentes sensibilités de la CDU avec un groupe merkeliste centriste encore puissant, là où Söder n'a pas ce problème en Bavière. Mais la différence de style n'en est pas moins frappante : malgré un discours beaucoup plus clair (et à droite) que celui d'Angela Merkel sur l'immigration, le combat culturel avec la gauche, la Russie ou l'Ukraine, Merz fait quasiment figure de professeur là où Söder prend l'attitude du boxeur qui va rendre coup pour coup. Si la CDU façon Merz n'est plus le parti du centre merkelien et redevient un parti de droite, si CDU et CSU se sont clairement réconciliées, la centrale de Berlin ne reprend ni le style ultra-combatif et personnel de Markus Söder, ni la dénonciation des élites déconnectées de la réalité. Dans le double contexte particulier de la droite allemande, populisme décent et postpopulisme cohabitent, mais le fait que le premier soit dominant dans le parti régional et le second dans le parti national en dit long sur le rapport de force entre les deux tendances.

Sans être une répudiation totale du merkelisme, le postpopulisme de Friedrich Merz n'en est donc pas moins un choix conscient de la part du nouveau leader, qui n'a jamais caché ses intentions de mettre fin au centrisme de la CDU[1]. Le changement est d'abord un calcul politique, pour chercher à retrouver une partie de l'électorat traditionnellement à droite perdu durant les années Merkel, notamment au profit de l'AfD. Mais c'est aussi un choix personnel de Friedrich Merz, connu pour son opposition historique à Angela Merkel à l'intérieur du parti, ainsi que pour son adhésion personnelle aux thèses du libéralisme économique[2] et à un certain conservatisme sociétal, tout du moins dans le contexte plutôt libéral du nord de l'Allemagne[3].

---

1. https://www.lexpress.fr/monde/europe/allemagne-friedrich-merz-cet-anti-merkel-qui-pourrait-succeder-a-merkel-a-la-cdu_2162043.html

2. Voir Friedrich Merz, *Mehr Kapitalismus Wagen. Wege zu einer gerechten Gesellschaft*, Munich, Piper, 2010.

3. https://www.bloomberg.com/opinion/articles/2018-11-01/merkel-s-would-be-successor-merz-is-a-real-german-conservative?leadSource=uverify%20wall

Postpopulisme à la lituanienne : quand les libéraux construisent des murs

Mais si le postpopulisme allemand est le fruit d'un choix délibéré, l'émergence de politiques postpopulistes dans d'autres partis du centre droit européen est plutôt le fruit des circonstances menant à des changements d'orientation parfois brutaux. Prenons le cas de la Lituanie, où, on l'a vu, un parti libéral-conservateur classique bat en 2020 les populistes et ramène le gouvernement vers des positionnements plus orthodoxes pour le centre droit, notamment sur l'économie avec un retour au libéralisme prépopuliste, ou encore sur le positionnement international de la diplomatie lituanienne, qui reprend son traditionnel flambeau atlantiste, ouvert sur le commerce mondial et défenseur de la démocratie en Lituanie mais aussi dans les pays du voisinage oriental du pays, à savoir l'Ukraine et le Belarus (mais aussi, plus loin de Vilnius, Taïwan). Néanmoins, il s'avère vite que cette politique activiste pose un certain nombre de problèmes, alors que les dictateurs chinois et biélorusses prennent ombrage du volontarisme diplomatique lituanien. Devant l'ouverture d'un bureau de représentation taïwanais à Vilnius et la sortie de la Lituanie du format 17 + 1 qui regroupait les pays d'Europe centrale pour un partenariat à sens unique avec la République populaire, Pékin soumet la République balte à des mesures de rétorsion pour pénaliser son économie[1]. Le paquet de sanctions est large, et il force le gouvernement à repenser totalement ses chaînes d'approvisionnement pour se protéger du poids géo-économique de la Chine. Un

1. https://regard-est.com/taiwan-la-chine-et-la-diplomatie-lituanienne

gouvernement d'inspiration libérale va donc participer bon gré mal gré, sous la pression du gouvernement chinois, au découplage et à la démondialisation des échanges.

Mais un changement encore plus radical survient à l'été 2021, quand le Belarus du dictateur Aleksandr Loukachenko manigance une crise migratoire en affrétant des vols charters en Irak pour aller chercher des candidats à la migration et les envoyer directement à la frontière avec la Lituanie. Le but de Loukachenko est de déstabiliser un voisin qui a depuis le début soutenu les manifestations contre son pouvoir autoritaire, et plus largement de créer un nouveau front dans la crise migratoire en Europe. Le dictateur bélarusse caresse-t-il l'espoir de négocier des termes favorables avec l'Union européenne, comme Recep Tayyip Erdoğan l'a fait en 2015 ? C'est probable. En tout cas, face à une telle crise, une Pologne encore très populiste n'hésite pas à construire autant de murs et de barrières que possible à sa frontière[1], mais la Lituanie hésite : en effet, le gouvernement est une coalition qui inclut des libéraux, et même les députés conservateurs ne sont pas des fanatiques forcenés des frontières et des murs – et pour cause, la barrière avec le Belarus couperait des communautés proches des deux capitales, distantes de seulement deux heures et demie de voiture. Néanmoins, face à ce qui devient rapidement une vague migratoire, avec des militaires biélorusses menant *manu militari* les migrants à la frontière, les plus libéraux admettent qu'il n'y a pas d'autre option que de construire une barrière entre les deux pays – un mur dont la construction se

1. https://www.leparisien.fr/international/la-pologne-a-termine-la-construction-dun-mur-dacier-a-la-frontiere-avec-la-bielorussie-30-06-2022-OKH4Q3LFXNBZHDBJBAH5GKZAZU.php

termine fin 2022, six mois après celui de la Pologne[1]. À la même époque, et face à un nouveau flux migratoire qui commence à se faire sentir dans les régions frontalières, le gouvernement tchèque – qui vient lui aussi de battre un populiste, Andrej Babiš – met en place de nouveaux contrôles à la frontière sud du pays pour arrêter le flux de migrants illégaux en provenance des Balkans qui passent par la Slovaquie[2]. Ici encore, un gouvernement libéral n'a pas longtemps hésité avant de prendre des mesures qui, il y a encore dix ans, auraient été considérées comme populistes, voire extrémistes. Le tabou des murs de protection et de la fermeture des frontières ayant volé en éclats après l'arrivée au pouvoir de Donald Trump, les partis traditionnels ont pu se l'approprier, soit par un choix qui reflète une vraie mue idéologique, soit en réaction à de nouvelles circonstances.

Dans tous les cas, on voit que le postpopulisme de droite émerge comme une confluence idéologique : s'y mêlent la modération d'une partie de l'extrême droite qui tourne le dos au populisme, et la droitisation d'un centre qui comprend que tout retour en arrière n'est ni possible ni même souhaitable. Nous semblons donc arriver à la fin de la disruption politique, au moment où la révolution n'est plus une utopie mais est devenue une nouvelle orthodoxie, pour reprendre la formule d'Eugen Weber.

1. https://www.infomigrants.net/fr/post/45592/la-construction-du-mur-entre-la-lituanie-et-la-bielorussie-est-achevee

2. https://www.infomigrants.net/fr/post/43917/la-republique-tcheque-deploie-larmee-a-ses-frontieres-avec-la-slovaquie

... vers une doctrine postpopuliste de droite

Reste à définir ce que peut être cette nouvelle orthodoxie, tout du moins à droite. Car on l'aura compris, le postpopulisme n'est pas seulement un moment dans l'histoire politique de l'Occident. Il semble bien qu'une nouvelle doctrine (à défaut d'une idéologie) postpopuliste soit également en train d'émerger à droite, au gré du rapprochement entre deux ailes qui avaient été irréductiblement opposées du fait de la vague disruptive des années 2010. En effet, en étudiant les différents exemples cités plus tôt, de l'Italie à la Lituanie et de la Suède à l'Allemagne, on ne peut s'empêcher de constater des mouvements de convergence : parfois, ce sont les extrêmes qui se convertissent aux thèses des centristes (en adhérant à leur scepticisme à l'égard de la démocratie directe, par exemple) ; parfois, ce sont les centristes qui brisent leurs anciens tabous et rejoignent les positions des populistes. La convergence semble donc produire un nouveau conservatisme, qui n'est ni une révolte droitière populiste, ni une réaction systématique au libéralisme ou au progressisme (malgré le caractère militant de cette nouvelle droite sur certaines questions sociétales), mais plutôt un conservatisme évolutionniste de tendance burkienne, du nom d'Edmund Burke, le penseur britannique des Lumières, critique de la Révolution française, qui a inspiré le modèle conservateur anglo-saxon mêlant la nécessité de l'évolution à l'impératif de la conservation.

Il s'agit donc d'abandonner le populisme pour retourner à une politique moins excentrique, moins médiatique et plus classique, et se concentrer sur la solution aux problèmes posés par les citoyens, y compris celles qui dérangent les élites. Le leader du Parti populaire espagnol, Alberto Núñez Feijóo, dans un meeting de campagne du 11 juin 2022 pour l'élection régionale andalouse, pose le diagnostic de la manière la plus claire qui soit : « L'Espagne a souffert ces dernières années de trop de frivolité en politique et il n'y a pas eu assez de débats de fond, de calme et de sang-froid. Cela paraîtra peut-être vieux jeu, mais [...] la politique n'est – et ne devrait être – ni un défilé de mode, ni une émission de télé-réalité. [...] Je crois que le but de la politique est de trouver des solutions aux problèmes des gens[1]. » Le contraste avec le style populiste est on ne peut plus clair.

Mais au-delà du style, le rejet du populisme est également net sur le fond : même si les postpopulistes de droite dénoncent la déconnexion des élites libérales sur certains sujets, celle-ci n'est plus au centre de leur programme. Il y a une certaine logique à cela : les postpopulistes veulent jouer le jeu de la démocratie parlementaire, et lorsqu'ils ne font pas déjà partie de l'élite, ils aspirent à en faire partie – difficile dans ces circonstances de clamer vouloir renverser la table. Cela a d'ailleurs des conséquences sur la vision globale de la démocratie : exit les réseaux en ligne de démocratie horizontale, comme les plateformes de type Rousseau ou La Bestia, son équivalent développé pour la Lega de Matteo Salvini à la fin des années 2010[2]. On revient au contraire à une vision beaucoup plus classique de la vie politique, dans laquelle les structures verticales reprennent toute leur place, et les partis politiques s'appellent à nouveau « partis ». C'est bien entendu le cas chez les partis traditionnels,

1. Alberto Núñez Feijóo, discours de campagne des élections régionales andalouses, Malaga, 22 juin 2022, https://www.youtube.com/watch?v=Zw6ljJ-vIc0

2. https://www.lastampa.it/politica/2018/09/09/news/la-bestia-l-algoritmo-che-suggerisce-a-salvini-se-e-quanto-essere-cattivo-1.34043805/

mais aussi chez Fratelli d'Italia et chez les Démocrates de Suède, qui reproduisent les structures classiques des partis politiques, y compris au niveau des fondations et think tanks. Les postpopulistes signalent donc une vraie normalisation de la vie politique, dans laquelle partis et Parlement reprennent toute leur place. La différence avec les mouvements populistes des années 2010 est énorme, puisque ces derniers voulaient justement « rendre le Parlement superflu » (pour reprendre la terminologie utilisée par Casaleggio), et fonder la gouvernance sur un système plus direct, centré sur les nouvelles technologies et les algorithmes.

Convergences économiques

Mais le postpopulisme de droite va encore plus loin au niveau de la doctrine, avec d'autres points de convergence programmatiques qui semblent indiquer l'avènement sinon d'une nouvelle orthodoxie, tout du moins celui d'une nouvelle cohérence pour la droite occidentale. La première convergence se situe au niveau du programme économique. Les populistes de droite avaient misé sur le social, et parfois même l'étatisme dans leurs campagnes électorales : le FPÖ autrichien s'était autoproclamé « *die Soziale Heimatpartei* », le parti social-patriotique (c'est encore son slogan aujourd'hui) ; Nigel Farage avait fait campagne sur le système de santé autant que sur l'immigration durant la campagne du Brexit ; et Marine Le Pen a fait de la gauchisation de son programme économique une signature personnelle dans ses campagnes présidentielles de 2012, 2017 et 2022. Chez les postpopulistes, cette tendance disparaît complètement, et on revient aux fondamentaux de la droite classique : le programme fiscal de Fratelli d'Italia en 2022 se concentre sur l'allègement des charges sociales pour les entrepreneurs et les employés[1], et le premier budget du gouvernement Meloni s'inscrit dans la droite ligne de celui du gouvernement de Mario Draghi, tout ce qu'il y a de plus classique donc au niveau du libéralisme économique[2]. Dans le contexte généralement plus étatiste de l'Europe du Nord, les Démocrates de Suède respectent leur spécificité nationale et demeurent attachés au modèle suédois de protection sociale, mais ils militent également pour une baisse de la fiscalité sur les carburants et un État dont les compétences seraient plus limitées et plus concentrées sur les fonctions régaliennes, notamment le maintien de l'ordre[3]. Ce retour à l'orthodoxie économique favorise bien entendu le rapprochement avec les partis de droite classiques, qui retrouvent ici une grande partie de leurs fondamentaux : gouvernement et impôts limités, même si dans le cas des postpopulistes les baisses d'impôts sont censées être plus ciblées vers les catégories les plus vulnérables de la classe moyenne, par exemple les baisses d'impôts sur le carburant proposées par les Démocrates de Suède pour lutter contre l'inflation.

Corollaire de ce retour au libéralisme économique, la droite postpopuliste reprend également avec zèle l'étendard de la défense des libertés individuelles contre tout ce qui ressemble à des contraintes de la part des pouvoirs publics. La crise du coronavirus est passée par là, et avec elle le refus parfois radical de se plier à des règles sanitaires trop strictes, considérées comme trop coûteuses en termes économiques ou injustifiées au regard de la perte d'autonomie de l'individu. Dans le contexte de la Covid, les exemples abondent : l'une

---

1. https://formiche.net/2022/09/lavoro-tasse-sanita-rdc-fratelli-ditalia-meloni-programma/
2. https://www.challenges.fr/economie/italie-la-populiste-giorgia-meloni-se-convertit-a-l-orthodoxie-budgetaire_836170
3. https://sd.se/english/

des premières dispositions prises par le gouvernement Meloni, à l'automne 2022, est d'abolir les dernières mesures de restrictions liées à la pandémie, y compris le pass vaccinal, et de réintégrer les personnels soignants non vaccinés[1]. Le geste est certes avant tout symbolique, mais il s'inscrit dans la continuité de la décision prise par la présidente de la région de Madrid, Isabel Ayuso, à l'hiver 2020-2021 de privilégier les confinements localisés plutôt que les mises sous cloche globales, et surtout de laisser ouverts commerces, restaurants et salles de spectacle, alors qu'ils étaient fermés dans le reste de l'Europe[2]. On retrouve également ce positionnement chez les Républicains outre-Atlantique, notamment dans le refus des gouverneurs Glenn Youngkin, en Virginie, et Ron DeSantis, en Floride, d'imposer le pass vaccinal dans les lieux publics, ou le port du masque dans les écoles[3].

Un conservatisme social marqué

Dans les faits, cette défense parfois forcenée des libertés individuelles rapproche les postpopulistes des populistes, qui avaient eux aussi dénoncé les abus des confinements et des restrictions sanitaires avec Donald Trump et Matteo Salvini. Ce n'est d'ailleurs pas le seul point commun : sur le plan sociétal, les postpopulistes sont également beaucoup plus combatifs que la droite

1. https://www.marianne.net/monde/europe/italie-giorgia-meloni-ordonne-la-reintegration-des-soignants-non-vaccines-et-suscite-la-fronde-des-regions
2. https://www.contrepoints.org/2021/02/07/390414-isabel-diaz-ayuso-une-gestion-liberale-de-la-crise-sanitaire
3. https://www.governor.virginia.gov/newsroom/news-releases/2022/february/name-928711-en.html et https://www.flgov.com/2021/11/18/governor-ron-desantis-signs-legislation-to-protect-florida-jobs/

classique. Il est donc clair qu'il n'y aura pas de retour au consensus d'avant la grande disruption, où tout politique respectable se devait d'adhérer à la fois au libéralisme économique et au libéralisme social. Les postpopulistes sont clairement conservateurs sur le plan sociétal, ils se réclament d'une tradition intellectuelle plutôt anglo-saxonne avec des références comme Roger Scruton. Ils n'hésitent donc pas à reprendre le flambeau des populistes dans leur discours pour fustiger directement la gauche et ses expérimentations sociales. Un discours dur, sans pour autant être dans l'outrage permanent, en témoigne cette petite phrase de Guido Crosetto, cofondateur de Fratelli d'Italia, lors d'une conférence de presse : « Le temps en Italie dans lequel la gauche faisait ce qu'elle voulait et les autres devaient faire ce que disait la gauche, ce temps-là est terminé[1]. » Là où les conservateurs des années 2000 et le centre droit des années 2010 avaient accepté de s'incliner devant le libéralisme sociétal, les conservateurs du postpopulisme estiment au contraire que le *kulturkampf* est un aspect essentiel de la bataille des idées, et que ce qu'ils estiment être le monopole de la gauche sur les questions sociales et culturelles doit être brisé. D'où les propositions de politique nataliste de Fratelli d'Italia, qui se limitent aujourd'hui seulement aux incitations et non aux interdictions, mais aussi une opposition frontale à toute proposition de loi de la gauche sur les questions de genre, que ce soit le projet de loi contre l'homophobie présenté par le sénateur Alessandro Zan en 2021, ou la reconnaissance de l'adoption pour des couples homosexuels. Mais si la combativité de Giorgia Meloni sur ces principes est

1. https://www.liberoquotidiano.it/news/politica/34444206/guido-crosetto-sinistra-decide-tutto-italia-finita.html

indéniable[1], son intransigeance a les limites de son légitimisme : la présidente du Conseil italien n'a jamais caché son opposition au mariage homosexuel et à l'avortement, mais elle a également été très claire sur le fait qu'elle ne reviendrait ni sur l'union civile autorisée par la loi italienne depuis 2016, ni sur le droit à l'avortement codifié depuis 1978. En d'autres termes, si le conservatisme postpopuliste melonien s'inscrit dans une tradition catholique qui choquera probablement nombre de Français, il ne cherche pas un retour en arrière réactionnaire vers un quelconque paradis perdu.

Le conservatisme social des Démocrates de Suède, à l'image de la culture nationale, est beaucoup plus modéré sur les questions de sexualité. Mais il est en revanche tout aussi intransigeant dans la promotion de la culture et de l'identité nationale. L'État-nation est, chez le leader Jimmie Åkesson comme chez l'idéologue Mattias Karlsson, la base de la vie politique moderne, et il est hors de question de la dissoudre dans un quelconque globalisme. La défense de l'intérêt national est un thème central chez les postpopulistes, de même que celle de la culture nationale traditionnelle – d'où l'investissement personnel de Karlsson dans la promotion du folklore suédois par le biais d'associations culturelles, l'idée étant de promouvoir le traditionnel et la transmission en tant que clé pour maintenir la cohésion d'une société soumise à des changements rapides durant les dernières décennies. Car le nationalisme des Démocrates de Suède est avant tout culturel, et non ethnique. Et si le parti professe une tolérance zéro pour l'immigration clandestine, il accueille néanmoins les immigrés qui ont

1. Voir notamment son autobiographie pour mieux comprendre ce conservatisme catholique de stricte obédience et ses raisons : Giorgia Meloni, *Io sono Giorgia. Le mie radice, le mie idee*, Milan, Rizzoli, 2021.

accepté de se fondre dans la culture suédoise et de contribuer à enrichir (dans tous les sens du terme) la société. Comme me l'a souvent répété Karlsson lors des nombreuses conversations que nous avons eues ces dernières années, le parti se vante d'avoir parmi ses membres un pourcentage d'immigrés et fils d'immigrés équivalent au niveau national suédois, et trois de ses députés sont des immigrés de première génération : Rashid Farivar et Nima Gholam Ali Pour, tous deux nés en Iran, et Leonid Yurkovskiy, né en Russie, tandis que trois autres au moins (Dennis Dioukarev, David Perez et Yasmine Eriksson) sont des fils d'immigrés. Si les Démocrates de Suède veulent limiter au maximum l'immigration, ils n'en souhaitent pas moins favoriser une intégration (et même une assimilation) des populations récemment arrivées.

L'immigration, ou la grande victoire de la disruption

L'immigration : voilà un cheval de bataille populiste que les postpopulistes ne renient pas. Ils sont sur ce sujet d'une très grande fermeté, comme le prouve l'attitude du gouvernement suédois pendant la présidence de l'UE[1], ou encore celle de Giorgia Meloni face aux opérations de sauvetage des clandestins menées par des ONG en Méditerranée[2]. La droite postpopuliste a retenu la leçon de la grande disruption des années 2010 et, si elle n'est pas totalement fermée à l'idée d'une immigration légale limitée dans l'espace et dans le temps, elle sait également que son électorat ne lui pardonnerait pas le

---

1. https://www.euractiv.fr/section/migrations/news/la-suede-annonce-une-campagne-internationale-de-sensibilisation-contre-limmigration/
2. https://www.lefigaro.fr/flash-actu/migrants-l-italie-cherche-a-entraver-les-sauvetages-en-mediterranee-denoncent-les-ong-20230105

moindre relâchement dans la lutte contre l'immigration clandestine. Il est à noter que cette intransigeance sur les questions migratoires n'est pas l'apanage des seuls partis postpopulistes issus de l'extrême droite : on l'a vu, en Lituanie, le gouvernement libéral-conservateur a bien construit un mur à la frontière avec le Belarus, et la Grèce de Kyriakos Mitsotakis, dirigeant de la Nouvelle Démocratie, affiliée au PPE, développe une politique tout aussi ferme à l'égard des mouvements migratoires.

Un retour des frontières, mais pas entre Européens

La droite postpopuliste est donc clairement opposée à l'immigration clandestine, même si son positionnement sur l'immigration légale est parfois vague, voire dans certains cas contradictoire. On retrouve ici l'idée d'un retour des frontières, qui s'inscrit dans la période de déglobalisation partielle que nous vivons, et celle-ci pose également la question du commerce international. Sur ce sujet, nombre de droites postpopulistes ont fait le choix d'encourager un certain protectionnisme, que ce soit par choix ou par nécessité. Derrière celui-ci, il y a la réalisation que « si la mondialisation a enrichi de nombreuses personnes de par le monde, elle n'a pas franchement réussi à enrichir nombre de nos concitoyens », comme s'était plu à le rappeler l'ancien Premier ministre canadien Stephen Harper dans son livre de 2018 *Right Here Right Now*[1], qui préfigurait déjà nombre des points doctrinaux postpopulistes examinés dans ce chapitre. Il ne s'agit bien sûr pas (ou tout du moins pas encore) d'un retour au protectionnisme des années 1930, mais d'une volonté

1. Stephen Harper, *Right Here Right Now*, *op. cit.*, p. 2.

de protéger les industries nationales et européennes, clairement exposées dans le discours postpopuliste, y compris dans les attributions officielles des ministres. Ainsi, en octobre 2022, lorsque le nouveau gouvernement italien est formé, Adolfo Urso ne devient pas seulement ministre du Développement économique mais « ministre des Entreprises et du *Made in Italy* », manière de signifier aux entreprises italiennes que l'État entend protéger la qualité industrielle nationale de la concurrence déloyale exercée par des pays tiers, et en premier lieu la Chine. C'est d'ailleurs en partie à cause de l'intérêt de la République populaire pour l'industrie italienne que le ministre Urso se penche dès son arrivée Via Veneto sur le renforcement de la législation de contrôle des investissements étrangers, loi dite du « Golden Power », adoptée en 2012 et déjà renforcée à deux reprises, en 2017 et en 2019.

Ce mouvement vers le protectionnisme reflète le retour à la souveraineté et aux frontières, une conséquence directe de la disruption des années 2010 et de la montée du populisme. Néanmoins, l'emphase sur la souveraineté ne signifie pas un rejet complet de la globalisation ou de l'Union européenne. Le programme de Fratelli d'Italia (et de la coalition de centre droit) en 2022 est à ce titre clair, l'idée est d'avoir « plus d'Italie en Europe, et plus d'Europe dans le monde[1] ». Nous sommes bien loin du programme du parti en 2014, qui réclamait la sortie de l'euro, et Giorgia Meloni signifie dès avant la campagne électorale qu'elle souhaite inscrire l'action de son gouvernement en Europe dans la continuité de la vision de Mario Draghi, à partir du moment où les intérêts de l'Italie sont pris en compte.

1. https://www.ansa.it/documents/1660243246870_CENTRO-DESTRA.pdf

L'obsession des conservateurs italiens, historiquement méfiants à l'égard de l'Union européenne et en particulier du couple franco-allemand, est désormais que leur pays soit considéré comme un « grand d'Europe », parlant d'égal à égal avec Paris et Berlin. Pour cela, Meloni sait qu'elle ne peut se permettre d'être disruptive, d'autant plus que Rome dépend financièrement de Bruxelles pour la mise en place de son plan de relance et de modernisation – c'est ce qui mène la présidente du Conseil à se lier d'amitié dès avant l'élection avec la présidente maltaise du Parlement européen, Roberta Metsola, et à prendre les devants dans la politique européenne, grâce notamment à son ministre des Affaires européennes, Raffaele Fitto, qui agit en coulisse pour lui permettre de prendre la tête du parti des Conservateurs et réformistes européens (CRE) en 2020, avant de la rapprocher progressivement du traditionnel Parti populaire européen (PPE) de Manfred Weber, dès l'automne 2022. Même tendance chez les Démocrates de Suède, qui sont en coalition avec des partis du PPE au niveau national et qui ont œuvré depuis 2019 à une plus grande modération sur l'Europe. Là où les populistes rejetaient tout ce qui venait de Bruxelles, les postpopulistes acceptent l'Union européenne non pas comme un mal nécessaire, mais comme un moyen de renforcer leur souveraineté et leurs frontières – tout du moins tant que la « bulle bruxelloise » accepte de ne pas trop se montrer comme un repaire de technocrates globalistes.

Affaires étrangères : le grand virage atlantiste

Dernière caractéristique doctrinale du postpopulisme, un positionnement international marqué par l'atlantisme qu'on retrouve aussi bien chez les transfuges de l'extrême droite (notamment chez Fratelli d'Italia), les convertis du centre droit comme la CDU allemande, ou encore les adeptes de toujours comme l'ODS tchèque ou le TS-LKD lituanien. Chez ces derniers, l'adhésion à l'Otan est un acte de foi ; chez d'autres comme la CDU, c'est un retour aux sources après des années Merkel durant lesquelles la relation avec les États-Unis s'était tendue. Pour d'autres enfin, il s'agit d'une véritable conversion : même si Fratelli d'Italia ou les Démocrates de Suède ont toujours eu des éléments atlantistes dans leurs rangs (on pense à Adolfo Urso ou à Guido Crosetto en Italie, ou encore Mattias Karlsson et Tobias Andersson en Suède), la base du parti ne l'était pas jusqu'à une date récente. Nous avons étudié au chapitre précédent les causes de ce revirement durant les années 2020, notamment la dégradation très rapide de l'image de la Chine à la suite de la pandémie de Covid-19, et de celle de Vladimir Poutine après l'invasion de l'Ukraine par la Russie. Ces deux événements n'ont pas seulement détruit l'illusion que l'avenir était à l'est, ils ont également levé le tabou qui s'était installé au cours des années 2000 et 2010 sur l'Occident[1] et ses valeurs, ou tout du moins une appréciation positive du concept. Pour la droite postpopuliste, cet Occident existe bien et vaut la peine d'être défendu, que ce soit pour des raisons culturelles ou par un anticommunisme que certains pourraient qualifier de « primaire ». On retrouve également ce principe dans le tournant « proeuropéen » des partis de droite, qui se justifie souvent par l'idée que cette Europe-là n'est pas seulement un objet technocratique sans âme, mais une réalité civilisationnelle qu'il convient de défendre contre ses ennemis (au sud et à l'est).

1. Voir Michael Kimmage, *op. cit.*

Cette adhésion au principe de la défense de l'Occident sous-entend la promotion d'une relation transatlantique plus étroite, et donc de resserrer les liens avec les États-Unis – et c'est bien ce que propose l'ensemble des postpopulistes, en particulier dans le contexte de la guerre en Ukraine : Giorgia Meloni se rend plusieurs fois en tant que leader de Fratelli d'Italia à Washington en 2022 et à nouveau en tant que Premier ministre à l'été 2023 ; on la voit à Kiev à la veille du premier anniversaire de l'invasion russe, et elle réaffirme sans cesse le soutien de l'Italie à l'Ukraine, alors que l'opinion publique nationale est l'une des plus réticentes en Europe à un soutien autre qu'humanitaire. De leur côté, les Démocrates de Suède soutiennent dès l'invasion de l'Ukraine l'entrée de leur pays dans l'Otan. Ce positionnement très clair prend complètement à contrepied la disruption populiste, qui s'était fondée sur l'idée de la décadence de l'Occident et d'une montée en puissance sino-russe, laquelle permettrait à ceux qui sauraient l'exploiter d'échapper au déclin. On le voit, le changement doctrinal est aussi le fruit de l'avènement d'un moment postpopuliste, au gré des événements des années 2020-2022 qui ont profondément changé la donne, sur le plan politique comme sur le plan philosophique.

Vers un postpopulisme de gauche ?

On l'aura compris, une partie de la droite européenne semble avoir vite intériorisé l'avènement d'une nouvelle ère. Elle adhère donc au postpopulisme en tant que moment pour former une doctrine tout à fait spécifique, bien plus large que la proposition populiste d'origine. Reste à savoir si de tels développements s'opèrent également à gauche.

La question se pose effectivement, dans la mesure où le mouvement populiste n'est pas uniquement de droite, il est aussi (et au départ principalement) un mouvement de contestation de gauche, mélange d'anarchisme, de populisme étatiste et d'inspirations collectivistes. On l'a vu, ce populisme-là ne survit pas longtemps au test du gouvernement : après six mois de fortes tensions avec l'Union européenne et les marchés financiers en 2015, Alexis Tsipras fait clairement le choix de la normalisation et son parti, Syriza, restera dès lors au pouvoir sans jamais faire de vagues à Bruxelles. De son côté, le Mouvement Cinq Étoiles devient le parti dominant d'un gouvernement 100 % populiste en 2018, mais sa popularité ne survit pas à l'exercice du pouvoir, et le parti rentre dans le rang en 2019, choisissant de faire alliance avec le très traditionnel Parti démocrate (PD), avant de connaître une crise existentielle qui mènera à la fin de l'ère Grillo-Casaleggio, en 2021 ; quant à Podemos, sa cooptation au pouvoir en 2020 a accéléré son déclin, dont le symbole reste la démission de son leader historique, Pablo Iglesias, après l'échec cinglant de ce dernier aux élections régionales de 2021. Le parti devra se saborder et rentrer dans une nouvelle coalition d'extrême gauche, Sumar, pour échapper à l'extinction pure et simple. Enfin, citons également dans le monde anglo-saxon la chute de la maison Corbyn au sein du Parti travailliste, remplacé par un pur produit du New Labour, Sir Keir Starmer, et la reprise en main du Parti démocrate par les centristes et les proches de Biden en 2021, en particulier à la suite de la défaite électorale du parti en Virginie.

Dans ces circonstances de reflux populiste général à gauche, on serait en droit de penser que, comme à droite, on assisterait à la fois à un moment postpopuliste et à l'émergence d'une nouvelle doctrine, à l'image des nouvelles tendances issues de la fin de la grande disruption. Le moment est clairement là, puisque quasiment partout les populistes de gauche vivent eux aussi un reflux, souvent encore plus spectaculaire qu'à droite. En revanche, du point de vue de la doctrine, l'émergence d'un postpopulisme est pour l'instant beaucoup plus lente, et même embryonnaire.

Que le moment postpopuliste soit là également à gauche, cela ne fait aucun doute, à part quelques exceptions dont la France fait partie. L'Italie, l'Espagne et la Grèce ont toutes trois connu une normalisation de leurs partis d'extrême gauche durant les dernières années. Dans le même temps, les révolutionnaires du monde anglo-saxon perdaient leurs primaires au Labour et au Parti démocrate, et la gauche de gouvernement scandinave faisait son aggiornamento sur les politiques multiculturelles et l'immigration ouverte. On ne peut donc pas dire qu'il n'y ait pas également eu de mouvement à gauche.

De même, on constate que les anciens partis disrupteurs qui ont jusqu'ici survécu à la contre-révolution des années 2020-2022 se sont grandement assagis, en particulier sur ce qui faisait le cœur de la doctrine populiste, à savoir le refus du système libéral-démocratique et la partitocratie, lesquels devaient à terme être remplacés soit par une nouvelle démocratie directe avec un fonctionnement en réseau, horizontal, soit par une adhésion au leadership charismatique, seul à même de relier peuples et élites. Mis à part peut-être chez La France insoumise, il n'est quasiment plus question de ces projets en 2023. En Italie, le Mouvement Cinq Étoiles est encore bien en vie, et il est même le troisième parti au Parlement, mais son aspect et sa raison d'être ont profondément changé depuis que Beppe Grillo, qui ne cachait pas son objectif de « détruire les partis politiques[1] », a dû céder la place à Giuseppe Conte. Ce dernier l'assume, son mouvement est devenu un parti politique, et son ambition est désormais de le faire adhérer aux Verts européens[2], donc, là aussi, de rentrer dans le rang. Grillo n'est pas le seul à faire les frais de la normalisation du mouvement pentastelliste ; Davide Casaleggio, la tête pensante du mouvement, quitte le parti à l'été 2021, après avoir été forcé de lui restituer l'ensemble des données concernant ses militants et ses parlementaires[3]. Exit donc la vision techno-populiste qui était censée révolutionner la démocratie italienne et, selon les paroles de Casaleggio lui-même, « rendre le Parlement superflu[4] ». Cela n'empêche pas Conte de prendre des positions clairement à gauche et même parfois à la limite du populisme, mais il est clair que sous son leadership le Mouvement Cinq Étoiles se normalise – devenant un parti à la gauche du Parti démocrate. Il n'est d'ailleurs pas exclu qu'il puisse un jour revenir soit en tant que parti de gouvernement (comme Syriza après 2015), soit en tant que partenaire minoritaire dans une coalition (comme Podemos après 2020).

Au Royaume-Uni, la défaite historique du Parti travailliste aux élections de décembre 2019 est un véritable déclic pour l'establishment. La défaite a été totale, le Labour ayant enregistré son plus mauvais score depuis 1935 et perdu nombre de ses bastions ouvriers

1. Cité dans Nicola Biondo et Marco Canestrari, *op. cit.*, p. 35.
2. https://www.repubblica.it/politica/2023/01/25/news/conte_bruxelles_trattative_m5s_nei_verdi_europei-384952295/
3. https://www.repubblica.it/politica/2021/06/05/news/m5s_rousseau_dati-304277205/
4. Cité dans Nicola Biondo et Marco Canestrari, *op. cit.*, p. 8.

historiques. Ce rejet indéniable enclenche une véritable contre-révolution qui repousse les corbynistes vers les marges du parti, tandis que Sir Keir Starmer prend les commandes. Starmer, qui est souvent comparé à Neil Kinnock, le prédécesseur de Tony Blair, est d'abord vu comme une figure rassembleuse et de transition tant le chemin à parcourir pour retourner au pouvoir semble long. Néanmoins, il devient vite clair que le nouveau leader du parti entend mettre clairement la barre vers le centre : les orientations anti-impérialistes (parfois teintées d'un antisémitisme latent) sont abandonnées, le Labour revient sur une partie de son programme de nationalisations, et il abandonne le projet de modifier le statut des écoles privées, pourtant symbole de l'élitisme britannique. Sous Starmer, le retour à un projet de type New Labour est d'autant plus visible qu'à l'instar de Tony Blair, le nouveau leader fait de la réforme constitutionnelle son premier cheval de bataille[1], revenant sur des propositions comme l'abolition de la Chambre des lords ou une décentralisation accrue… Celles-ci avaient déjà été mises sur la table à la fin des années 1990 et n'avaient pas abouti, soit parce qu'elles étaient encore trop radicales à l'époque, soit par inertie à l'intérieur de l'appareil d'État britannique.

L'attention portée par Starmer à la réforme constitutionnelle en dit long sur le recentrage du Labour, bien loin de la disruption des années 2010, mais également sur la volonté du leader travailliste de ne pas aller trop dans les détails de sa stratégie politique, qui semble encore floue pour la plupart des Britanniques, sinon inexistante si on se fie aux critiques du Parti conservateur. Nous touchons là au problème principal qui nous

1. https://www.instituteforgovernment.org.uk/explainer/labours-constitutional-proposals

empêche de cerner une vraie doctrine postpopuliste chez Starmer : celui-ci doit encore composer avec une base restée au moins en partie proche de certaines idées populistes, et l'ambiguïté lui sert aujourd'hui, dans la mesure où pour être populaire le Parti travailliste n'a aujourd'hui qu'à démontrer qu'il est le principal opposant d'un Parti conservateur à bout de souffle. Au-delà d'un recentrage évident du parti, il est donc encore difficile de comprendre à quoi pourrait ressembler le postpopulisme de la gauche britannique sur des questions comme l'immigration ou les questions de société, sauf à attendre le retour du Labour au pouvoir.

Entre le recentrage du Parti travailliste, la droitisation de la gauche danoise qui a décidé de donner raison au discours disruptif de droite en adoptant son programme anti-immigration, et les positions beaucoup plus à gauche, parfois à la limite du disruptif, de Giuseppe Conte et son Mouvement Cinq Étoiles lors des élections législatives italiennes de 2022, il est donc difficile de noter une véritable convergence comme on a pu le voir à droite. Les chemins des différentes gauches occidentales divergent encore sur de nombreuses questions comme l'immigration, les affaires internationales ou la politique économique, sans qu'une ligne véritablement claire puisse encore être trouvée. Cela est le signe à la fois d'une grande diversité d'idées à gauche, mais aussi d'une absence de leadership permettant de trancher les questions de dogme.

On pourra mettre ce manque de cohérence ou de leadership sur le dos des changements structurels de long terme qui pénalisent la gauche en général, tout du moins en Europe : il est maintenant établi que même si la jeunesse occidentale est plus à gauche que la génération précédente (et semble le rester en vieillissant – notamment du fait de l'impossibilité d'accéder jeune à la propriété[1]), les sociétés européennes se sont droitisées aussi vite qu'elles ont vieilli[2], ce qui a limité à son tour le potentiel électoral des progressistes. Sans véritable solution pour obtenir ou conforter une majorité, les différents éléments de la gauche plurielle se seraient éloignés l'un de l'autre en même temps qu'ils s'éloignaient du pouvoir, accélérant ainsi leur marginalisation dans la vie politique.

Cette thèse n'est certes pas dénuée d'intérêt, et elle explique en partie la fin du quasi-monopole des progressistes sur les pouvoirs à la fois politique et médiatique du début des années 2000. Elle est d'autant plus séduisante pour les sympathisants de droite, qui y verraient ici le prélude à une domination durable de leurs idées sur le plan politique. Néanmoins, elle ne résiste pas à l'analyse des résultats électoraux : que ce soit dans sa version anti-immigration (Danemark), dans sa version centriste (États-Unis, Allemagne) ou même avec une orientation beaucoup plus sociale (Portugal, par exemple), la gauche gagne encore des élections, et parfois brillamment. Et lorsqu'on revient à l'étalon-or de notre étude, l'Italie, on s'aperçoit qu'aux élections de 2022 la déroute de la gauche est avant tout due à l'incapacité du Parti démocrate à former une coalition électorale de gauche similaire à celle de la droite italienne. Sans cela, et avec une coalition large qui serait allée d'un Mouvement Cinq Étoiles désormais clairement marqué à gauche aux centristes du Terzo Polo, tous issus du PD, la gauche aurait fait jeu égal avec la droite, et l'aurait même devancée

---

1. https://www.ft.com/content/c361e372-769e-45cd-a063-f5c0a-7767cf4

2. Voir Victor Delage, *La Conversion des Européens aux valeurs de droite. France, Allemagne, Italie et Royaume-Uni*, étude de la Fondapol, mai 2021. Disponible en ligne : https://www.fondapol.org/etude/la-conversion-des-europeens-aux-valeurs-de-droite/

en nombre de voix. Elly Schlein, la nouvelle secrétaire générale du Parti démocrate, issue de l'aile gauche du parti, l'a bien compris, et elle cherche depuis son élection à rapprocher les pentastellistes de son parti, en le déportant sur sa gauche.

Le wokisme, une disruption élitiste

Si l'affaiblissement de l'assise sociologique de la gauche peut donc expliquer sa plus grande difficulté à rester au pouvoir et à exercer un leadership idéologique sur sa base, celui-ci n'explique pas tout. En effet, au-delà des problèmes de leadership, se pose la question d'une disruption politique qui continue à gauche car elle peut se fondre dans le populisme autant que dans le postpopulisme – cette nouvelle gauche identitaire que l'on désigne en France plus communément sous le nom-valise de « wokisme ».

Ce wokisme est l'une des doctrines développées à la marge du champ politique avant la grande disruption des années 2010, et il a progressivement gagné en notoriété durant la dernière décennie, en particulier aux États-Unis, où le mouvement est né : on l'a vu s'insérer dans la coalition Obama (discrètement dans un premier temps), avant de devenir un des moteurs de la révolte populiste menée par Bernie Sanders, pour ensuite s'autonomiser lorsque des talents comme Alexandria Ocasio-Cortez sont entrés à la Chambre des représentants et se sont constitués en groupe de pression à l'intérieur du Parti démocrate ; surnommé The Squad, celui-ci est une sorte de miroir d'extrême gauche du Freedom Caucus, qui continue de rassembler les vétérans populistes du Tea Party.

Mais il serait faux de faire du Squad, ou du wokisme en général, une disruption populiste : le mouvement s'adapte en fait à la situation politique et aux rapports de force au sein de la gauche. En effet, le wokisme peut trouver sa place en soutien à un leader populiste, comme on a pu le voir chez Bernie Sanders ou chez Jean-Luc Mélenchon, mais il s'exprime tout aussi confortablement lorsqu'il reste un mouvement interne au sein d'un leadership de centre gauche, comme ce fut le cas dans l'Amérique d'Obama. On pourrait même dire que les politiques *woke* sont plus à l'aise lorsqu'ils ont affaire au leadership de l'establishment. En effet, le mouvement n'est absolument pas populiste, mais au contraire élitiste, même s'il se défend officiellement de l'être : le leadership et les idées *woke* ont été incubés dans les universités, bien loin des centres populaires. Et malgré leurs origines modestes, la quasi-totalité des membres du Squad ont fait des études supérieures, parfois dans les meilleures universités du pays (Jamaal Bowman est diplômé de l'université de New Haven, Alexandria Ocasio-Cortez de l'université de Boston). Quant à la France, sa personnalité la plus médiatique, Sandrine Rousseau, est, elle aussi, issue du milieu universitaire, qu'elle n'aura quitté que pour faire de la politique. Il faut également ajouter au profil sociologique des leaders un langage pour le moins jargonneux, reflet du développement en vase clos des concepts *woke* dans les milieux universitaires. Cette novlangue utilisée pour définir les minorités opprimées est d'ailleurs parfois rejetée par les principaux intéressés, qu'ils soient ou non issus des classes populaires : récemment, les élites de la gauche américaine ont voulu imposer le terme « Latinx » (au lieu de « Latinos ») dans le langage courant pour décrire les hispaniques tout en maintenant la neutralité du genre, inconnue dans les langues latines. La proposition a suscité une levée de boucliers dans la communauté hispanique et, après de nombreuses controverses, a été retirée[1].

Pur produit des facultés de sciences sociales des universités occidentales, le wokisme est une disruption à l'intérieur de la gauche, mais cette disruption a du mal à s'insérer à la fois dans le populisme – du fait de sa nature élitiste – et dans le moment postpopuliste – du fait de sa compromission avec des populistes comme Jeremy Corbyn ou Bernie Sanders. Principalement populaire dans les milieux éduqués (souvent blancs) aux États-Unis, le wokisme empêche souvent la gauche de se reconnecter aux quartiers populaires, et il fait de plus en plus peur aux parents de la classe moyenne suburbaine, lesquels ont été horrifiés de voir l'enseignement de la théorie critique de la race (et autres théories du genre et du pouvoir) imposé en 2020-2021 dans les collèges et lycées par les professeurs dans le sillage du mouvement Black Lives Matter. D'une certaine manière, le wokisme pousse donc la gauche à s'isoler d'une grande partie de la société, et son obsession pour la pureté idéologique (pour reprendre les mots d'Alexandria Ocasio-Cortez, il est plus important « d'avoir raison moralement » plutôt que « factuellement ou sémantiquement[2] ») empêche la convergence qui a jusque-là permis à la droite de développer une doctrine postpopuliste cohérente.

De manière paradoxale étant donné que le wokisme est un pur produit des universités américaines, c'est peut-être d'abord aux États-Unis qu'une vraie doctrine postpopuliste

1. https://theconversation.com/stop-using-latinx-if-you-really-want-to-be-inclusive-189358

2. Interview pour le programme *60 Minutes* de la chaîne américaine CBS, voir contexte et compte-rendu sur https://www.realclearpolitics.com/video/2019/01/06/ocasio-cortez_people_being_more_concerned_about_me_being_factually_correct_than_morally_right.html

de gauche pourra émerger. L'administration Biden y a en effet réussi à transformer la déroute annoncée des *midterms* de 2022 en semi-victoire, renforçant la position des centristes chez les Démocrates. Ceux-ci sont désormais en position de force malgré l'impopularité du président et son grand âge, et ils ont donc repris la main sur la direction du parti. Les priorités du gouvernement s'en sont ressenties : l'administration Biden a progressivement augmenté son soutien à l'Ukraine attaquée par la Russie et censuré l'aile gauche du parti lorsqu'à la fin de la campagne des *midterms*, certains de ses membres se sont exprimés pour promouvoir une attitude plus apaisée à l'égard de la Russie[1]. Le gouvernement américain est également revenu aux fondamentaux de la gauche en proposant à plusieurs reprises un plan de relance massif pour soutenir l'économie nationale dans l'après-Covid ; l'un des résultats les plus négatifs de ce plan de relance a bien sûr été une poussée inflationniste qui a empiré du fait de la guerre en Ukraine et des tensions sur les chaînes d'approvisionnement, mais celle-ci a finalement été un excellent prétexte pour la mise en place de mesures très protectionnistes avec l'Inflation Reduction Act de l'été 2022, qui confirme que, à droite comme à gauche, les temps où les politiques vantaient la mondialisation heureuse sont bien révolus.

Enfin, les annonces du président Biden à l'hiver 2023 pour signifier sa volonté de prendre des mesures plus dures contre l'immigration clandestine et sécuriser la frontière méridionale des États-Unis[2] tendent à montrer

1. https://www.washingtonpost.com/politics/2022/10/25/democrats-ukraine-letter/

2. https://www.whitehouse.gov/briefing-room/statements-releases/2023/01/05/fact-sheet-biden-harris-administration-announces-new-border-enforcement-actions/

que la gauche américaine semble elle aussi embarquée dans un processus de recentrage qui fait écho sur certains points doctrinaux au postpopulisme de droite. Si ce recentrage venait à se confirmer, on aurait alors une convergence générale vers un postpopulisme qui ressemblerait véritablement à la nouvelle orthodoxie postrévolutionnaire énoncée par Eugen Weber, citée plusieurs fois dans ce livre.

Ce postpopulisme de centre gauche sera-t-il à même d'imposer son hégémonie sur le reste de la famille progressiste dans les années qui viennent ? Rien n'est moins sûr : le mandat de Joe Biden s'achève en janvier 2025 (ou 2029 en cas de réélection) et il n'est pas certain que sa ligne soit suivie par son successeur au Parti démocrate – le gouffre générationnel entre l'establishment et la base démocrate s'est d'ailleurs ravivé à l'automne 2023, à l'occasion de la guerre entre Israël et le Hamas, où l'on a vu nombre de jeunes Démocrates adopter des positions anti-israëliennes. Là où certaines gauches semblent avoir développé un postpopulisme qui pourrait converger avec celui de la droite, notamment dans des sociétés nordiques historiquement plus cohésives que les autres, d'autres comme en France voient leur futur ancré dans un combat tout aussi culturel qu'idéologique. Enfin, d'autres partis préfèrent se complaire dans une ambiguïté qui peut être confortable aujourd'hui, mais dont on sait depuis le cardinal de Retz qu'on n'en sort qu'à ses dépens. Ce contraste entre un postpopulisme de droite dont la trajectoire semble désormais claire sur le plan idéologique et un postpopulisme de gauche qui hésite encore entre conciliation et radicalisme nous pousse à nous poser la question de l'avenir du moment et de la doctrine postpopuliste.

Chapitre 5

Le postpopulisme a-t-il un avenir ?

Nous comprenons désormais mieux ce qu'est le postpopulisme, à la fois comme moment et comme doctrine, tout du moins à droite. Reste à savoir si le terme a un avenir. En effet, l'inconvénient principal du préfixe « post » est que s'il nous renseigne sur ce qui a été *avant*, il ne nous donne aucune indication sur son avenir ou son espérance de vie. Le « postmodernisme » est utilisé *ad nauseam* au moins depuis les années 1970 par les critiques artistiques et culturels, sans que l'on sache ce que le terme recoupe exactement, à croire que la production artistique s'est arrêtée en 1980. Après le postmodernisme, le postpostmodernisme ? Ou bien alors le néant ? Le préfixe peut en effet aussi être utilisé pour signifier que le nouveau courant est considéré comme l'ultime courant de l'histoire, celui qui y mettra fin.

Or, nous le savons depuis le début des années 2000, il y a bien une fin à tout, y compris aux « post » ; le postcommunisme a peut-être été un bon terme pour étudier la transition des pays d'Europe centrale et orientale durant le passage à l'économie de marché, mais le terme ne semble plus adapté pour comprendre la région, sauf à croire que toute la psyché polonaise, lettonne ou bulgare doive se résumer à une expérience désormais à peine plus longue que la période qui l'a suivi. De même, parler de zone « postsoviétique » aujourd'hui pour désigner un ensemble disparu depuis plus de trente ans semble de plus en plus incongru, dans la mesure où certaines « ex-républiques » de l'URSS font partie de l'Otan et de l'Union européenne, d'autres comme la Géorgie et l'Ukraine frappent à leurs portes, tandis qu'une autre considère ces deux organismes comme ses ennemis mortels ; dans le même temps, les États d'Asie centrale sont suprêmement désintéressés par ce qui se passe en Europe.

D'un point de vue chronologique, le « postpopulisme » n'est donc qu'un moment dans notre histoire politique contemporaine, et il est fort possible que ce moment ne dure pas plus longtemps qu'un cycle électoral : il est possible qu'il disparaisse complètement au profit d'un renouveau populiste, ou d'une doctrine complètement nouvelle, au gré des événements politiques en Occident. Il se peut également que le postpopulisme prenne racine et se complexifie à droite comme à gauche, auquel cas il deviendra cette fameuse nouvelle orthodoxie qui fait toujours suite à la révolution. Dans ce cas, il faudra trouver un autre terme pour le qualifier, car une doxa ne peut pas se définir uniquement par ce qui l'a précédée : on ne dit pas « postpaïen » mais « chrétien », par exemple.

L'avenir du postpopulisme est donc limité, mais cela ne doit pas nous empêcher de nous poser la question de son succès dans un avenir plus ou moins proche. En effet, celui-ci permettrait effectivement à la classe politique occidentale de clore la période de disruption politique pour passer à autre chose – et si possible à un débat plus apaisé. Au contraire, son échec pourrait signifier le retour des populismes, avec des conséquences autrement plus importantes pour la nature de nos démocraties : si Viktor Orbán a pu changer le régime hongrois aussi radicalement et aussi rapidement en 2011, c'est aussi parce qu'il a eu l'expérience du pouvoir entre 1998 et 2002, et qu'il a pu voir quels étaient exactement les rouages qui faisaient obstacle à sa volonté.

Quelle sera donc la trajectoire du postpopulisme en Occident ? Beaucoup dépendra du succès de ses chefs de file aux affaires : à gauche, on scrutera attentivement les propositions du gouvernement américain face aux défis de l'inflation et de la démondialisation, mais aussi l'avenir du président Biden, chef de file des modérés au Parti démocrate. Il s'est porté candidat à sa réélection en 2024, ce qui, en cas de victoire, ferait de lui le plus vieux président élu de l'histoire des États-Unis – ce qui n'est pas neutre, étant donné les questions qui entourent son état de santé actuel. À droite, ce n'est pas seulement l'action des Premiers ministres Ulf Kristersson et Giorgia Meloni qui retiendra l'attention, mais aussi leur capacité à gérer leurs coalitions respectives, qui tiendront ou tomberont grâce à un mélange de convergences idéologiques, de leadership mais aussi de circonstances politiques. En sachant que la durée de vie d'un gouvernement italien depuis 1945 est de moins d'un an et demi, la tâche qui attend la présidente du Conseil est immense.

De plus, si les années 2020-2022 ont été particulièrement riches en événements de rupture, il n'est pas non plus impossible que les prochains mois puissent casser la dynamique qui a mis les populistes sur le reculoir : des ruptures énergétiques forçant un véritable rationnement pendant l'hiver, un nouveau mouvement migratoire incontrôlé, de nouveaux développements au Proche-Orient autour de Gaza, une guerre autour de la Corée ou de Taïwan dans laquelle la Chine sortirait vainqueur, ou encore une vraie victoire russe en Ukraine changeraient à nouveau la donne en Occident, sans que nous puissions anticiper avec certitude les conséquences de ces « rhinocéros gris », à savoir ces dangers évidents qu'on ne voit pourtant pas venir – et dont la guerre en Ukraine ou encore le coronavirus ont été des exemples récents[1].

La fin du populisme ?

« Les rumeurs concernant ma mort sont très exagérées. » Ce télégramme, envoyé par Mark Twain de Londres aux journalistes américains qui avaient spéculé sur son état de santé, pourrait très bien convenir à un leader populiste aujourd'hui. Cela pourrait paraître paradoxal, dans la mesure où le postpopulisme arrive justement par définition *après* le populisme. Mais si le premier s'est effectivement développé pour *dépasser* le second après l'impasse du début des années 2020, il n'est pas encore prouvé qu'il puisse le *remplacer*.

Un populisme encore populaire

À regarder de plus près les résultats électoraux, on constate effectivement que même si le populisme n'est plus à marée haute, il reste encore populaire, et c'est d'ailleurs pour cela que de nouvelles disruptions socio-économiques ou internationales pourraient le remettre en selle, comme l'ont montré la victoire éclatante de Javier Milei en Argentine ou le score spectaculaire du PVV de Geert Wilders aux Pays-Bas, en novembre 2023. En Italie,

1. Voir Niall Ferguson, *Doom. The Politics of Catastrophe*, New York, Penguin Press, 2021.

si le populisme de droite semble bel et bien étouffé par le postpopulisme melonien, Matteo Salvini se réinventant pour l'instant en un ministre des Infrastructures portant cravate et lunettes, le Mouvement Cinq Étoiles reste dans une position ambiguë : Giuseppe Conte n'est certes pas Beppe Grillo et il a lui-même mis fin à la gestion du parti par le technopopuliste Davide Casaleggio, mais son positionnement disruptif et dans certains cas antisystème ne le rapproche pas moins du populisme d'antan. C'est d'ailleurs ce positionnement disruptif, unique dans la campagne, qui a sauvé le parti d'une défaite probable aux élections législatives anticipées de 2022, permettant aux pentastellistes de rester au-dessus de la barre des 15 %, avec une troisième place juste derrière le Parti démocrate.

En République tchèque, autre patrie du postpopulisme, la disruption politique, quoique marginalisée, n'est pas non plus terminée. On le voit dans les sondages avec la popularité toujours forte du parti populiste et anti-immigration SPD de Tomio Okamura, qui n'a jamais pointé en dessous de 10 % dans les sondages, mais surtout avec celle de l'ancien Premier ministre Andrej Babiš. Celui-ci a réussi à se hisser au second tour de l'élection présidentielle en janvier 2023, récoltant 41,67 % des voix avec une campagne extrêmement populiste aux accents conspirationnistes. Ce score est à la fois rassurant et inquiétant : rassurant parce que le milliardaire tchèque reste bien en deçà de ce qu'il aurait pu faire il y a encore quelques années, et loin derrière le général Petr Pavel, élu triomphalement avec 58,33 % des voix (soit un écart de plus de 16 points, comparable à celui entre Emmanuel Macron et Marine Le Pen en 2022). Inquiétant dans la mesure où ce score a été atteint sans que Babiš ait fait le moindre effort pour normaliser son image : durant la campagne, il se présentait comme le candidat de l'antisystème, dénonçant des élites qui soutenaient la guerre en Ukraine sans se soucier des conséquences sur le pays[1]. Son équipe de campagne n'a également pas hésité à utiliser WhatsApp et d'autres réseaux sociaux comme les populistes l'ont fait à d'autres époques (au Brésil, par exemple) pour disséminer rumeurs conspirationnistes et *fake news* – dans le cas tchèque, sur la guerre en Ukraine ou encore sur l'état de santé du candidat adverse[2]. Bien entendu, on pourra arguer que Babiš n'avait pas d'autre choix pour exister dans cette campagne que d'endosser l'habit du disrupteur, étant donné son passé et son passif, mais il n'empêche : son score au second tour de l'élection présidentielle, au vu de ces circonstances, reste préoccupant dans la mesure où il signifie qu'une partie non négligeable de l'électorat tchèque reste profondément insatisfaite, et ouverte aux options les plus radicales.

On pourrait faire le même raisonnement aux États-Unis où, à court terme, la principale préoccupation est à droite. Certes, comme nous l'avons vu aux chapitres précédents, la plupart des candidats trumpistes ont été vaincus lors des élections clés de mi-mandat, mais cette bonne nouvelle ne doit pas cacher une réalité plus préoccupante. En effet, si le mouvement MAGA (Make America Great Again) a été défait dans la plupart des États clés comme la Pennsylvanie ou l'Arizona, où les écarts entre Républicains et Démocrates restent faibles, il a néanmoins enregistré des victoires notables dans d'autres États plus nettement républicains comme l'Ohio, qui a vu la victoire de l'écrivain trumpiste J. D. Vance à l'élection sénatoriale. Ce dernier a certes enregistré un score bien moins élevé (53 %)

1. https://foreignpolicy.com/2023/01/26/czech-elections-president-babis-pavel/
2. http://www.frontnews.ge/en/news/details/50497

que celui de son prédécesseur Bob Portman (58 % en 2016), mais il s'agit encore d'un écart qu'un candidat peut se permettre dans un État franchement républicain comme l'Ohio. Si dans les États bascules et les circonscriptions clés l'adhésion au trumpisme peut faire perdre une élection, dans ceux plus fortement ancrés à droite, elle est au contraire un gage de victoire, non parce qu'elle rapporte des voix supplémentaires aux élections générales, mais parce qu'elle assure le soutien indéfectible d'une partie substantielle de la base républicaine durant les primaires. C'est là le paradoxe que les Républicains doivent résoudre en 2024 : quel que soit son statut, Trump est un personnage incontournable de la primaire ; mais il semble au contraire être un problème dans une élection générale qui se jouera probablement à nouveau à quelques milliers de voix près dans quelques États clés, et ce quel que soit le candidat de chaque côté. En d'autres termes, impossible de passer la première haie sans Trump, mais difficile de franchir la ligne d'arrivée avec lui.

Les exemples américain, tchèque et italien nous montrent à quel point le populisme est encore résilient dans nos électorats occidentaux, et il y a de bonnes raisons de croire que ce potentiel se maintiendra au moins à court terme : insuffisant pour gagner seul, mais suffisant pour peser dans les débats. En effet, la colère de certains groupes sociaux marginalisés est encore palpable, et tant que ceux-ci ne trouveront pas un chemin d'inclusion dans le système, le phénomène populiste continuera. Dans les trois cas que nous avons cités, l'électorat populiste est systématiquement celui des marges, qu'elles soient sociales ou géographiques. En Italie, le cœur de l'électorat du Mouvement Cinq Étoiles reste le sud du pays, dont l'écart de richesse avec le nord continue de se creuser, et les *millenials* ou *zillenials* qui ne trouvent pas d'emploi et ont du mal à accéder à la propriété[1]. En République tchèque, ce sont les régions frontalières, les plus périphériques, à la frontière avec l'Allemagne et au nord-est, qui ont le plus voté pour Andrej Babiš aux présidentielles, tandis que les centres urbains comme Prague ou Brno votaient massivement pour le général Pavel. On retrouve cette division territoriale entre centres urbains et zones périphériques aux États-Unis, où une grande partie de la *Rust Belt* et les zones frontalières (y compris celles ayant une majorité de communautés hispaniques) ont massivement voté Trump à la présidentielle de 2020. Mais le marqueur est surtout social : le niveau d'études universitaires est en effet un facteur critique pour déterminer si un individu a des chances de soutenir Donald Trump ou non[2]. Or ce sont justement les travailleurs les moins qualifiés, et plus généralement les non-diplômés ou les peu diplômés, qui restent les catégories socioprofessionnelles les plus vulnérables dans nos sociétés.

L'électorat populiste est un public marginalisé qui a encore de bonnes raisons d'être en colère contre le système et de vouloir le remplacer. Tant que cet électorat existera, il y a peu de chances qu'il opte pour d'autres solutions, sauf dans des cas très précis (et toujours limités dans le temps) où un primo-candidat peut porter un espoir de changement profond, comme ce fut le cas avec Nicolas Sarkozy pour l'électorat lepéniste en 2007, par exemple. Dans les circonstances actuelles d'une croissance lente – tout du moins en Europe – et de perspectives d'avenir encore sombres pour des

1. https://www.lefigaro.fr/international/legislatives-en-italie-ce-que-revelent-les-cartes-des-resultats-20220927

2. https://www.washingtonpost.com/politics/2022/11/23/educational-divide-between-voters-is-growing/

électorats comme les *millenials* italiens (et français) ou la classe ouvrière américaine, il est difficile de voir comment le phénomène populiste ne pourrait pas perdurer dans un cœur électoral désormais fidélisé par les disrupteurs.

Les échéances électorales de 2023 en Europe ont d'ailleurs été marquées à la fois par la force retrouvée des partis traditionnels, voire institutionnels, et la résilience des partis populistes. Côté pile, la double victoire de la Nouvelle Démocratie en Grèce en mai et en juin, celle du Parti de la réforme en Estonie en mars, ou encore les défaites claires des partis disrupteurs (à droite, à gauche, et chez les séparatistes catalans) en Espagne lors de l'élection parlementaire de juillet plaident pour un affaissement du populisme. Il en va de même pour la victoire (à l'arrachée) de Donald Tusk et de sa coalition hétéroclite en Pologne contre le PiS, ou encore celle de la droite finlandaise aux élections parlementaires en avril, avec un scénario d'union des droites dans laquelle le Parti des Finlandais s'est normalisé, délaissant au passage son affiliation toxique avec le groupe Identité et Démocratie au Parlement européen. Mais ces résultats encourageants pour l'establishment et les postpopulistes ne doivent pas non plus masquer les résultats toujours élevés des partis populistes non réformés, comme en Slovaquie avec la victoire du populiste de gauche de Robert Fico : ce dernier n'a certes pas obtenu un score extraordinaire aux élections législatives de septembre 2023 (à peine 23 % des voix, à comparer aux 30-40 % auxquels son parti était habitué dans les années 2010), mais l'éclatement du système politique slovaque et la stratégie d'alliance simultanée avec le centre gauche et l'extrême droite lui ont permis de reprendre le pouvoir après l'avoir perdu en 2020. Le tout dans un contexte où la fatigue de la guerre en Ukraine a alimenté une ambiance conspirationniste, notamment dans les zones rurales de l'est de la Slovaquie, confrontées comme en Pologne à la peur d'une concurrence des céréales ukrainiens sur le marché national.

Dans ces conditions, il est donc difficile d'imaginer les populistes disparaître du jour au lendemain. Leurs scores vont peut-être continuer de s'affaisser, mais tant qu'ils conserveront une base électorale large d'individus et de communautés peu satisfaits de leurs conditions de vie actuelles et à venir, ils resteront une force redoutable[1]. La victoire finale sur le populisme ne pourra se confirmer qu'une fois les classes sociales rebelles que sont les *millenials* et la classe ouvrière périphérique complètement réintégrées dans le corps social. C'est là une perspective de long terme, qui ne pourra se matérialiser qu'au prix d'efforts ciblés envers ces populations, en prenant bien sûr soin que leur retour dans le mainstream sociopolitique ne conduise pas en même temps à la marginalisation d'autres groupes.

Une cohabitation inévitable à court terme

En attendant, il est clair que populistes et post-populistes vont devoir cohabiter, au moins pendant un temps. Cela peut paraître paradoxal, mais la situation n'est pas si inédite. Après tout, païens et chrétiens ont dû cohabiter en Europe pendant plusieurs siècles après la conversion de Constantin et, plus près de nous, le Parti communiste français a survécu deux décennies à la disparition de l'URSS en tant que force électorale. En attendant que le populisme devienne un jour obsolète, il restera menaçant et peut-être même parfois victorieux, dans la mesure où toute disruption peut potentiellement le

1. Thibault Muzergues, *La Quadrature des classes*, *op. cit.*

réactiver : on l'a vu, les conséquences socio-économiques de la guerre en Ukraine sur la République tchèque ou sur l'Estonie, notamment en termes d'inflation et de prix du logement, ont gonflé les scores d'Andrej Babiš et du parti EKRE aux élections de l'hiver 2023, et aidé Robert Fico à reprendre le pouvoir en Slovaquie à l'automne 2023. Pas assez pour leur permettre de gagner les élections, mais suffisamment pour qu'ils puissent compter dans le débat public national.

Comment populisme et postpopulisme vont-ils cohabiter dans les mois et les années qui viennent ? La réponse à cette question dépend à la fois de la situation socio-économique du pays, du système électoral et des rapports de force entre partis. Dans bien des cas, les deux courants vont non seulement cohabiter, mais même parfois coopérer pour gagner les élections. On l'a vu en Italie, Giorgia Meloni a bien fait alliance avec Silvio Berlusconi et Matteo Salvini pour emporter une majorité aux deux chambres, tandis que le Parti démocrate a été tout autant défait par son faible score que par son incapacité à trouver un accord avec le Mouvement Cinq Étoiles.

Dans certains cas, la question de l'alliance ne se posera pas : en Grande-Bretagne et aux États-Unis, deux pays dans lesquels le bipartisme est fortement institutionnalisé, les leaders politiques de chaque camp, même s'ils sont modérés, devront composer avec une aile populiste plus ou moins forte. Dans le cas d'une alliance de fait ou de circonstance, le but restera de préserver un rapport de force favorable pour les postpopulistes, mais également de garder les populistes dans la coalition – un véritable jeu d'équilibriste pour qui doit gouverner en période de crise.

Dans d'autres cas, et parfois dans le même pays à un moment différent, populistes et postpopulistes seront en compétition directe : ce sera le cas lors de primaires (comme aux États-Unis), ou lors d'élections multipartites où un électorat de classe moyenne balancera entre colère et lassitude, entre protestation et proposition. Ces confrontations directes seront souvent l'occasion de cristalliser un rapport de force entre les deux camps, avec des conséquences cruciales pour l'avenir. La performance des postpopulistes lorsqu'ils seront au pouvoir, leur niveau de popularité, mais aussi les événements extérieurs auront également une influence sur leur position à l'égard des populistes. Une inflation incontrôlée et une perte de popularité d'un parti qui aurait opté pour le postpopulisme pourraient faire douter les dirigeants et les pousser à retourner vers une position beaucoup plus disruptive, ne serait-ce que pour récupérer quelques points dans les sondages. À l'inverse, des résultats économiques relativement bons dans un contexte international que tout le monde sait délicat renforceraient la position des postpopulistes et continueraient de marginaliser les populistes, dont certains pourraient même voir un intérêt à se réinventer pour prendre le train en marche, comme on le voit peut-être déjà chez la Lega, où le ministre Matteo Salvini recourt beaucoup moins aux artifices du populisme.

On le voit, le rapport de force entre les deux camps reste fluide, et dans une certaine mesure dépendant de résultats économiques et de mouvements de fond dans la société qui ne sont pas tous contrôlés par les politiques. Avec des échéances électorales qui approchent à grands pas partout en Occident, les mois qui viennent s'annoncent cruciaux pour l'avenir du postpopulisme. L'année 2024 sera en effet marquée par au moins deux grandes élections qui pourraient cristalliser pour longtemps le rapport de force : les européennes du printemps, et la présidentielle américaine du mois de novembre.

2024 : année décisive en Europe...

Si l'année 2023 a été riche en élections de ce côté de l'Atlantique, avec des échéances présidentielles en République tchèque, parlementaires en Estonie, en Finlande, en Grèce, en Espagne, en Slovaquie, et Pologne et aux Pays-Bas (la plupart ayant tourné à l'avantage des leaders postpopulistes), l'année 2024 sera marquée par au moins quatre scrutins nationaux en Europe : en effet, la Croatie (printemps-été), la Lituanie et l'Autriche (automne) renouvelleront leurs Parlements, tandis que la Roumanie élira, en plus de ses parlementaires, un nouveau président dans un scrutin qui s'annonce incertain, le président actuel, Klaus Iohannis, ne pouvant se présenter pour un troisième mandat. Les deux dernières élections auront à coup sûr valeur de test pour les populistes, qui ont vu leur cote de popularité augmenter ces dernières années, à l'inverse des autres mouvements de droite populiste.

Mais ce sont surtout les élections européennes de juin 2024, qui se dérouleront en même temps dans l'ensemble de l'Union, qui définiront le rapport de force entre populistes et postpopulistes, en particulier à droite. La droite européenne a en effet toujours eu un problème avec l'UE : depuis le traité de Maastricht, une partie l'a soutenue tandis qu'une autre l'a rejetée, et cette relation ambiguë, parfois conflictuelle, avec l'Europe, est également l'une des raisons de la poussée d'un populisme de droite dont les porte-parole ont en grande partie rejeté l'Union européenne. La critique d'une Europe symbole de l'Occident en décadence a en effet été l'un des grands arguments de vente des partis populistes de droite à travers l'Union. Cela leur a permis de mobiliser les mécontentements et parfois surperformer lors des élections européennes, comme en témoignent les scores du Front puis du Rassemblement national, premier parti de France en termes de résultats aux européennes de 2014 (24,86 %) et de 2019 (23,34 %). Historiquement divisés en plusieurs mouvements, les partis eurosceptiques restent scindés en deux familles bien distinctes : à l'extrême droite, le parti Identité et Démocratie (ID) regroupe l'ensemble des partis les plus europhobes et acquis à la cause populiste. On y retrouve encore aujourd'hui les Français du Rassemblement national, les Néerlandais du PVV de Geert Wilders, ou encore les Italiens de la Ligue de Matteo Salvini. Un peu moins à droite, on trouve le parti des Conservateurs et réformistes européens (CRE), dont la création est due à la sortie des conservateurs britanniques du Parti populaire européen, le parti de la droite de gouvernement à Bruxelles.

Depuis sa création, en 2009, l'identité du CRE a oscillé d'un euroscepticisme « soft » et institutionnel (très présent aux débuts) à une europhobie et un populisme assumés au milieu des années 2010, à une époque où de telles prises de position étaient politiquement rentables. Néanmoins, malgré un rapprochement durant la marée haute du populisme, le CRE s'est quasiment toujours démarqué d'ID par sa volonté de rester au contact des institutions, même si certains de ses parlementaires (et partis membres) ne manquent jamais une occasion de critiquer Bruxelles. L'ambivalence du CRE dans son euroscepticisme est d'ailleurs bien symbolisée par l'évolution des positions de Giorgia Meloni sur la question européenne : partisane d'un référendum pour la sortie de la zone euro en 2024, elle souhaite aujourd'hui rester dans les petits papiers de la Commission, non seulement pour profiter du plan de relance, mais aussi pour permettre à son pays d'être traité comme un des trois « grands » de l'Union, avec l'Allemagne et la France. Le fait qu'elle soit présidente du CRE, qui comprend également l'ODS tchèque du Premier ministre Petr Fiala, le PiS polonais de Jarosław Kaczyński ou encore Vox en Espagne, est en soi à la fois symbolique de cette ambivalence, mais aussi de la volonté aujourd'hui affichée du CRE de s'inscrire dans une logique de coopération plutôt que de confrontation avec Bruxelles.

Depuis environ dix ans, la droite européenne est divisée en trois groupes distincts : du côté des partis traditionnels de gouvernement, le PPE, dominé par la CDU allemande, qui n'a pas hésité à gouverner avec le centre et la gauche ; le CRE, plus eurosceptique, mais toujours lié aux institutions européennes par l'atlantisme et certaines valeurs communes, a vu nombre de ses membres embrasser le postpopulisme ; enfin, aux marges du Parlement européen, on retrouve ID et ses éléments les plus populistes, europhobes, voire eurasianistes. Cette description a du sens, elle masque néanmoins une grande fluidité à l'intérieur des groupes : en 2020, le PPE accueillait encore en son sein le Fidesz de Viktor Orbán, pourtant chef de file des populistes ; depuis le départ des Britanniques, les partis membres du CRE n'ont pas toujours fait bon ménage, entre une aile gauche toujours prête à coopérer avec le PPE et une autre s'inscrivant résolument dans l'opposition au projet européen – et donc à tout l'establishment bruxellois. Enfin, derrière un semblant de cohérence idéologique, le parti ID a eu lui aussi son lot de dissensions entre partis membres : la position des députés européens de la Liga, parfois plus atlantiste et plus philoeuropéenne en plénière à Bruxelles qu'à Rome (en témoignent les prises de position tranchées de l'ancien député européen Marco Dreosto, aujourd'hui sénateur léguiste à Rome) montre à quel point la définition d'une ligne unique à l'ensemble d'un groupe parlementaire est difficile dans un parti voulant défendre une « Europe des nations » où l'intérêt national prime celui de l'Europe.

Cette taxonomie de la droite entre une aile modérée, une aile populiste et un groupe médian a bien failli voler en éclats au cours de l'année 2021. En mars, le départ du Fidesz de Viktor Orbán du PPE a semblé rebattre les cartes au sein de la droite européenne. Le Hongrois avait été gardé à l'intérieur de la grande famille du centre droit pour freiner ses velléités disruptives, sans succès. Après le coronavirus et les lois liberticides passées par le parlement de Budapest (dont certaines sont encore en vigueur aujourd'hui), le divorce était programmé, et il laissait la personnalité la plus médiatique du populisme de droite au niveau continental libre de contracter ses alliances. Orbán voyait alors plus loin : comme Emmanuel Macron, qui voulait révolutionner la politique européenne après sa prise de fonctions, le Premier ministre hongrois se voyait rebattre les cartes dans l'Union en constituant un grand rassemblement des droites européennes qu'il comptait dominer. Les négociations vont loin, tellement loin qu'à l'été 2021 la rumeur de la formation d'un « supergroupe » eurosceptique réunissant l'ECR et ID prend de l'ampleur dans la bulle bruxelloise, tant et si bien qu'on imagine déjà un groupe populiste eurosceptique devenu le troisième plus important (et donc quasi incontournable) au Parlement européen[1].

L'offre de pouvoir enfin peser au niveau européen est tentante pour bien des partis, surtout au sein d'ID, où certains parlementaires rêvent de voir leur profil

1. https://www.politico.eu/article/viktor-orban-marine-le-pen-matteo-salvini-eu-integration-european-superstate-radical-forces/

rehaussé dans les couloirs de Bruxelles, mais c'est sans compter l'émergence du postpopulisme qui prive Orbán, Salvini et Le Pen d'une victoire qu'ils estimaient à leur portée : à l'automne 2021, le projet fait un flop, alors que les partis de l'ECR refusent de se joindre au projet de superparti eurosceptique. Parmi ceux-ci, on retrouve les Démocrates de Suède et Fratelli d'Italia, qui ont déjà commencé leur mue postpopuliste. Meloni, qui est alors en pleine rivalité avec Salvini pour le leadership de la droite italienne, sabote les négociations, probablement avec la complicité des Polonais, et le rêve de Viktor Orbán de prendre les rênes d'une grande droite populiste européenne s'effondre.

Depuis, le parcours idéologique de Meloni, des Démocrates de Suède et d'autres partis du CRE tend à les rapprocher d'un PPE plus clairement redéfini à droite par Manfred Weber. Meloni, présidente du CRE, rencontre Weber à plusieurs reprises après sa prise de fonctions en tant que présidente du Conseil[1], sans que cela débouche sur une alliance formelle : l'époque où les partis membres du CRE appelaient à sortir leur pays de la zone euro ou de l'Union n'est pas loin, et une fusion éventuelle entre PPE et CRE poserait nombre de problèmes, notamment en Pologne, où les deux partis membres, la Coalition civique libérale de Donald Tusk et le PiS de Jarosław Kaczyński, sont à couteaux tirés et ne pourront jamais cohabiter dans un même groupe parlementaire, fût-il européen. La réaction de la toute-puissante CDU aux rumeurs de rapprochement entre les deux groupes vient d'ailleurs doucher les espoirs de certains de voir ce rapprochement évoluer

1. https://www.ilfoglio.it/politica/2023/01/05/news/meloni-rivede-weber-asse-conservatori-ppe-sempre-piu-forte-dopo-il-qatar-gate-4827000/

vers une fusion en bonne et due forme, ce qui aurait garanti une domination large de la droite au Parlement européen après les élections de 2014[1].

Mais si une fusion PPE-CRE dans les circonstances actuelles est aussi illusoire que la formation d'un super-groupe eurosceptique mené par Viktor Orbán, le débat sur un rapprochement du CRE avec le centre droit de gouvernement est un nouveau signe à la fois de la normalisation de ces partis qui ont un temps flirté avec le postpopulisme et de la volonté des partis historiques de tirer les leçons de la grande disruption des années 2010, en musclant leur discours sur certains thèmes comme l'immigration ou la culture. Entre-temps, le CRE tend à se renforcer en allant débaucher des partis précédemment acquis à l'ID, comme le Parti des Finlandais, qui comme les Démocrates de Suède a dû mettre de l'eau dans son vin pour être associé aux affaires à Helsinki. Cette tendance favorable pour le postpopulisme contraste avec celle, observée à la fin des années 2010, d'un large front eurosceptique et populiste. On ne fait pas l'histoire avec des si, mais en imaginant que Viktor Orbán ait quitté le PPE en 2019, juste après les élections européennes, il n'est pas certain que son effort pour rassembler autour de lui les droites européennes ait connu le même destin.

Nous sommes aujourd'hui loin de ces considérations : non seulement le CRE s'est rapproché du mainstream bruxellois pour des raisons qui ont autant à voir avec une conversion réelle qu'avec les intérêts sonnants et trébuchants du plan de relance européen, mais le divorce est désormais consommé entre une droite populiste eurasianiste qui a fait le choix de soutenir

---

1. https://www.euractiv.com/section/politics/news/german-centre-right-blows-off-weber-meloni-eu-plans/

indirectement Vladimir Poutine en se présentant comme le « parti de la paix » (avec Marine Le Pen, Matteo Salvini, Viktor Orbán) et une autre qui a, elle, fait le choix de l'Occident et de l'Ukraine. Les lignes ne sont, bien entendu, pas aussi claires à l'intérieur de chaque parti, où des ailes atlantistes et prorusses cohabitent toujours, mais le clivage est bien là : d'un côté, un CRE postpopuliste qui souhaite se rapprocher des institutions européennes et se positionne très clairement dans le camp de l'Occident pour aider l'Ukraine ; de l'autre, l'ID, avec un positionnement qui est resté populiste, une opposition frontale à l'intégration européenne et, au mieux, une ambivalence coupable sur la question ukrainienne.

Au-delà du centre droit représenté par le PPE, il y aura donc bien au moins deux offres de droite dans la plupart des pays aux élections européennes de mai 2024 : d'un côté, celle des populistes qui continueront avec ID de proposer les mêmes politiques qu'aux élections précédentes ; de l'autre, un pôle postpopuliste de droite qui devrait s'affirmer autour du CRE. La rivalité entre les deux pôles sera un des enjeux de cette élection européenne, tant au niveau national qu'au niveau européen : les deux groupes sont en effet actuellement à égalité en termes de sièges au Parlement, avec 63 députés européens chacun, et le CRE a déjà esquissé des premières tentatives de débauchage dans le camp d'ID, le Parti des Finlandais abandonnant les derniers pour s'inscrire dans le premier groupe après les élections parlementaires finlandaises. Si le CRE venait à prendre un avantage important, voire à s'imposer comme le troisième ou le quatrième groupe du Parlement, les populistes de droite en seraient plus fortement marginalisés, et on pourrait assister à un nouveau rapprochement entre une droite chrétienne-démocrate et une droite conservatrice proeuropéenne qui pourrait alors avoir un poids suffisant, sinon pour imposer une rupture gauche-droite dans un Parlement qui resterait fortement atomisé, tout du moins un rapport de force favorable à la droite. L'effet serait ainsi de magnifier un débat entre droite et gauche absent au Parlement depuis trop longtemps, même s'il aurait aussi tendance à affaiblir l'approche consensuelle dans cette enceinte, ce qui risquerait à son tour de l'affaiblir dans son rapport de force avec le Conseil européen, expression de la volonté des États membres, et avec la Commission.

Beaucoup dans le résultat des européennes se jouera au niveau des États membres : même si les partis européens témoignent d'une vraie volonté de coordination politique au niveau de l'Union, il n'en reste pas moins vrai que les électeurs votent pour des partis nationaux, y compris lors des échéances européennes. Les résultats immédiats de l'élection sur la politique européenne ne seront pas forcément visibles pour la plupart des citoyens, peu habitués aux acronymes bruxellois. Il n'empêche, la bataille qui s'annonce pour les européennes aura une incidence sur l'avenir du post-populisme : elle peut renforcer sa dynamique et pousser les populistes vers les marges du système politique. Au contraire, une contre-performance pourrait faire revenir le spectre du populisme au centre de la vie politique de nombre d'États membres, si ce n'est à Bruxelles, où le centre devrait tenir, avec ou sans le CRE.

… et dans le monde anglo-saxon

Mais si les conséquences des élections européennes resteront discrètes pour la plupart des citoyens de l'Union, celles pour les échéances à venir dans le monde anglo-saxon dans la deuxième partie de l'année seront beaucoup plus directes – et évidentes. L'année 2024 sera en effet marquée par une élection présidentielle aux États-Unis, à laquelle vont s'ajouter, comme chaque année paire, les traditionnelles élections à la Chambre des représentants, le renouvellement du tiers du Sénat et nombre d'élections au niveau local et régional. Si chacune de ces compétitions aura son intérêt propre, l'élection présidentielle sera à n'en pas douter déterminante pour l'avenir de chaque camp.

Dans la démocratie américaine, les choix sont en effet fortement encadrés, et tout candidat doit passer par le stade des primaires dans un des deux partis pour avoir une chance d'emporter l'élection générale de novembre. En 2016 et 2020, ces primaires avaient été le théâtre d'une spectaculaire poussée de la disruption dans les deux partis : à droite, celle-ci a bien entendu été associée à l'ascension fulgurante de Donald Trump, vainqueur surprise de la primaire de 2016 dans un contexte de grande atomisation des candidatures de l'establishment, et leader incontesté du parti en 2020. Mais à gauche aussi, le Parti démocrate avait été profondément déstabilisé par la candidature du sénateur socialiste du Vermont, Bernie Sanders. En 2016, celui-ci avait pris l'establishment par surprise face à une candidate il est vrai peu inspirante ; il avait sonné le début de la révolte de la base démocrate, et il avait fallu un effort considérable de la part de l'establishment pour accomplir ce qui avait été plus ou moins ouvertement promis au clan Clinton : la candidature d'Hillary à la présidence sous l'étiquette du Parti démocrate. Après la défaite, la fronde à l'intérieur de la gauche n'avait fait que s'amplifier, et les primaires de 2020 avaient là aussi été le théâtre d'une nouvelle révolte au sein de la base, permettant à Sanders de remporter les premières primaires. Là aussi, il avait fallu l'intervention de l'establishment pour contenir la révolte, en forçant la main de tous les candidats modérés pour qu'ils se désistent et soutiennent un seul candidat, Joe Biden. La tactique avait fonctionné, avant même que la crise de la Covid et les événements suivants viennent changer la donne pour mettre fin à la grande disruption.

Les primaires de 2024 sont les premières à se dérouler dans le contexte du moment postpopuliste. Donald Trump devrait en être le candidat le plus disruptif pour le Parti républicain, tandis qu'à gauche la pré-campagne a été marquée par la candidature de Robert Kennedy Jr., qui se présentera finalement en candidat indépendant. Avant de jeter l'éponge pour la primaire démocrate, celui-ci a néanmoins rencontré un succès d'estime parmi les électeurs démocrates de gauche, lassés par le centrisme de Joe Biden, son grand âge et ses absences répétées lors de ses apparitions en public. La popularité relative de Kennedy est dans le sillage de celle de Sanders et, si elle ne constitue pas une menace directe pour l'establishment, elle n'en est pas moins le signe que la disruption n'a pas disparu, y compris au sein d'un Parti démocrate pourtant tenu avec autorité par l'establishment depuis 2021.

Les primaires américaines vont donc permettre de quantifier le rapport de force entre populistes et post-populistes, dans la mesure où elles devraient être le théâtre d'une confrontation directe entre les deux courants, notamment à droite, où Trump semble conserver l'avantage vis-à-vis de l'establishment républicain.

À gauche comme à droite, le rapport de force semble néanmoins avoir évolué entre 2020 et 2024 en faveur de l'establishment : chez les Démocrates, Joe Biden et ses troupes ont à nouveau cadenassé le parti, et, si le président sortant n'est pas empêché de se représenter, il laissera forcément peu d'espace pour la concurrence, en particulier si la situation économique des États-Unis s'améliore et si le plein emploi continue de pousser les salaires à la hausse dans les catégories populaires. Néanmoins, si Biden ne pouvait pas se représenter, que ce soit pour des raisons de santé ou à la suite d'un scandale lié à son fils Hunter, la bataille pour sa succession à l'intérieur de l'establishment démocrate pourrait laisser des espaces à un candidat disrupteur – surtout si l'establishment du parti n'a pas le temps de s'organiser derrière une candidature unique. Le scénario d'une victoire populiste à gauche n'est pas impossible, mais il reste aujourd'hui peu probable : tant que la structure du parti sera tenue, et tant que l'économie du pays produira de bons résultats, y compris sur le plan social, les populistes auront tendance à être cantonnés aux marges, et les politiques radicaux seront poussés par la force de gravité du parti à coopérer avec lui plutôt qu'à chercher systématiquement la rébellion comme à la fin des années 2010. Néanmoins, des événements extérieurs comme le conflit entre Israël et le Hamas, qui à l'automne 2024 a mis en exergue le gouffre intellectuel qui sépare les générations du Parti démocrate, peuvent encore compliquer la donne pour les postpopulistes.

Chez les Républicains, l'équation est plus compliquée, dans la mesure où l'absence d'un président sortant aiguise les appétits (et les calculs politiques) des uns et des autres. Donald Trump a été le premier à annoncer sa candidature, en restant fidèle à son rôle de disrupteur en chef. Mais médias et donateurs semblent s'être en partie lassés de lui, même s'il conserve une base populaire très forte au sein du parti. Celle-ci comprend entre un quart et un tiers de l'ensemble de l'électorat républicain, le seul à compter pendant la primaire. Le disrupteur en chef peut-il à nouveau étendre cette base pour l'emporter et remettre en cause la montée en puissance du postpopulisme ? Malgré le statut de favori endossé par Donald Trump, le défi est de taille : comme Nicolas Sarkozy en 2014, l'ancien président attendait pour son retour d'être accueilli comme un chef incontesté, mais son absence a désacralisé son autorité, et les candidats sont aujourd'hui nombreux à la contester ouvertement, y compris chez ceux qui ont servi dans son administration, comme Nikki Haley par exemple.

Un candidat de l'establishment pourra-t-il battre Donald Trump à la primaire et le remiser définitivement au placard des hommes du passé ? Tout dépendra de la qualité – et de la quantité – des candidats qui se présenteront sur la ligne de départ au début de l'année 2024. Le Parti républicain et ses donateurs veulent aujourd'hui éviter le scénario de 2016, au cours duquel un candidat traditionnel peu convaincant pour la base (Jeb Bush) avait dû subir une rude concurrence de la part d'une multitude d'autres candidats qui se battaient pour la même base électorale, ce qui avait laissé à Trump un boulevard pour se présenter comme un candidat neuf et frais, le seul à même d'éviter un duel Bush-Clinton que la plupart des électeurs américains voulaient absolument éviter. Le disrupteur en chef disposait alors, comme aujourd'hui, d'une base d'environ un quart de l'électorat républicain, et la mauvaise campagne de Bush avait permis à Trump de prendre une pluralité des voix dans les premières primaires, le catapultant du statut de candidat peu sérieux à celui de favori – le futur président avait ensuite éliminé la compétition avant que l'establishment ait pu réagir.

Les élites du Parti républicain reproduiront-elles la même erreur qu'en 2016 ? Laisseront-elles la possibilité au populisme de retrouver une seconde jeunesse grâce à Donald Trump ? Même si après leur défaite de 2022, les donateurs et les pontes du parti semblaient déterminés à éviter un scénario qui permettrait à ce dernier de reprendre pied, notamment en gardant toutes les options ouvertes aussi longtemps que possible et en évitant de tout miser sur un seul candidat, l'hypothèse n'est pas farfelue, surtout si l'on considère les nombreux points d'interrogation qui entourent l'électorat républicain – et le pool des candidats – aujourd'hui. La base est en effet moins lassée des frasques du millionnaire que l'establishment et, comme avec Silvio Berlusconi dans les années 2000, chaque nouvelle affaire judiciaire concernant Trump semble le renforcer politiquement, tout du moins à droite, tandis qu'en coulisse tout un univers d'intellectuels et de bureaucrates conservateurs s'active pour préparer une seconde administration Trump[1].

La survie du populisme américain va donc dépendre des résultats des primaires. Mais au-delà, c'est surtout l'élection générale du 5 novembre 2024 qui sera cruciale : il est certes possible que les deux candidats qui se présenteront devant les Américains à la présidentielle soient eux-mêmes des candidats postpopulistes. Une telle configuration signifierait probablement la fin définitive de la grande disruption, et avec elle la mort du populisme (jusqu'à une prochaine vague de mécontentement populaire), en particulier si Donald Trump, défait à la primaire, décide de se présenter en tant que candidat tiers et obtient des résultats insatisfaisants. Mais il semble également possible que l'un des deux partis opte pour une candidature populiste, auquel cas l'élection de 2024 aurait des parfums de retour en arrière, à 2016 ou 2020. Le populisme serait

1. https://www.economist.com/briefing/2023/07/13/the-meticulous-ruthless-preparations-for-a-second-trump-term

alors relancé, et plus encore si un disrupteur venait à gagner à nouveau la présidentielle. Au contraire, si Joe Biden venait à être réélu, ou si un candidat du groupe centriste du Parti démocrate gagnait l'élection, l'expérimentation postpopuliste de la gauche serait reconduite, et nous aurions peut-être enfin le temps de voir émerger une doctrine claire, qu'il serait alors possible de comparer plus clairement à la droite de l'après-disruption.

Quel que soit le résultat des urnes outre-Atlantique, il ne fait guère de doutes qu'il influera sur les élections législatives britanniques qui doivent se dérouler au plus tard le 24 janvier 2025. Cette dernière échéance clôturera un cycle très dense pour l'avenir de la politique occidentale : après tout, c'est bien Albion qui a véritablement ouvert l'explosion populiste avec le vote du Brexit, en 2016, et il y aurait une certaine logique à ce qu'elle mette fin à ce cycle avec ces élections nationales, les premières depuis la sortie effective de l'Union européenne.

Comme aux États-Unis, la vie politique britannique est définie par une confrontation directe entre deux camps, travailliste et conservateur, mais à l'inverse de ce qui se passe outre-Atlantique, chaque parti est extrêmement centralisé, ce qui rend plus aisée une reprise de contrôle de l'establishment après une rébellion disruptive comme celle que Tories et Labour ont vécue au milieu des années 2010. Nous l'avons vu au chapitre précédent, la défaite historique des travaillistes en décembre 2020 a permis l'éviction du populiste Jeremy Corbyn et l'avènement du postpopuliste Keir Starmer. Deux ans plus tard, les scandales à répétition (et l'impasse du Brexit) ont eu raison de Boris Johnson, qui reste néanmoins populaire auprès des militants conservateurs. Rishi Sunak, qui a pris en main le leadership du parti après le fiasco de l'éphémère leadership de Liz Truss, a imposé un agenda plus modéré, mais reste sous pression de l'aile droite du parti et doit régulièrement lui donner des gages[1].

Les deux grands partis qui font la pluie et le beau temps à Londres sont donc tous les deux rentrés dans une logique postpopuliste, tant et si bien qu'il semble s'instaurer un nouveau consensus politique global, comme le titrait au mois de février 2023 le célèbre magazine *The Economist*[2]. Ce *modus vivendi* tranche avec les joutes parlementaires très dures qui ont pu se dérouler ces dernières années, que ce soit au sujet du Brexit ou des orientations culturelles et économiques du pays. Il semble y avoir là une confirmation de la fin du cycle disruptif, le moment où l'utopie de la révolution a bien fait place à une nouvelle orthodoxie.

Toute la question est de savoir si ce consensus centriste peut durer, et notamment à l'approche d'une élection qui s'annonce à sens unique : selon qu'on est dans l'un ou l'autre camp, on redoute ou espère une victoire très nette des travaillistes, sevrés du pouvoir depuis plus d'une décennie. Du côté du Labour, cela veut probablement dire que même les militants les plus à gauche sont prêts à faire le maximum de concessions pour battre les Tories ; de l'autre côté, en revanche, la perspective d'une défaite annoncée comme aussi titanesque que celle de 1997 peut tout autant favoriser le fatalisme qu'il peut mener au retour à des réflexes populistes, bien loin des tentatives actuelles de normalisation menées par le Premier ministre Sunak.

1. Voir Tim Bale, *The Conservative Party After Brexit. Turmoil and Transformation*, Londres, Polity, 2023.

2. https://www.economist.com/britain/2023/02/02/meet-ms-heeves-the-face-of-britains-new-political-consensus

Ce dernier tiendra-t-il face aux pressions des ultras pour changer de cap face à une défaite annoncée ? Sera-t-il lui aussi tenté par un retour à la doxa disruptive de la fin des années 2010, ne serait-ce que pour sauver quelques sièges et éviter une défaite trop comparable à celle de John Major en 1997 ? À moins que les prétendants préfèrent attendre la catastrophe électorale pour reconstruire le parti sur de nouvelles bases ? On le voit, l'avenir du Parti conservateur, que ce soit pour les élections de 2024-2025 mais aussi au-delà, est un énorme point d'interrogation, et il sera difficile pour tout politicien de la droite britannique de le conduire aisément sur la voie du postpopulisme, dans la mesure où son existence est désormais définie par la chose même qui a conditionné la poussée disruptive en Grande-Bretagne : le Brexit.

Les choses semblent plus simples pour les travaillistes, qui, s'ils emportent les prochaines élections, auront la possibilité de définir, peut-être avec les Démocrates américains, ce que pourrait être une doctrine postpopuliste de gauche. Celle-ci pourrait être consensuelle à l'égard de la doctrine postpopuliste de droite, mais elle pourrait également s'en démarquer fortement, ce qui aurait le mérite de mettre au jour les vraies différences qui séparent la gauche et la droite, au prix cependant d'une plus grande polarisation dans un pays qui en a fortement souffert depuis le référendum du Brexit.

À quand un postpopulisme français ?

Le lecteur attentif l'aura remarqué, il a peu été question de la France dans ce livre, tout du moins dans ses deux derniers chapitres. Il semble en effet que notre pays soit passé à côté de ce moment postpopuliste, tant le dernier cycle électoral a donné la part belle aux populistes historiques, ceux-là mêmes qui ont marqué la disruption politique à droite comme à gauche durant les années 2010 : Jean-Luc Mélenchon et Marine Le Pen. En cumulant l'ensemble des scores réalisés par des candidats antisystème au premier tour de l'élection présidentielle de 2022, on arrive à un total de 55,56 % des voix[1], un record absolu dans l'histoire de la Ve République. Les résultats des élections législatives, qui ont accouché d'une Assemblée particulièrement atomisée sans majorité absolue – une première depuis 1988 –, le confirment, la France ne semble avoir tourné le dos ni au populisme ni à la disruption politique.

La France n'est pas la seule exception en Occident, puisque l'Allemagne et l'Autriche doivent aujourd'hui faire face à des flambées populistes, plutôt liées à la crise du modèle économique des pays de langue allemande et à la guerre en Ukraine. Mais dans ces deux pays, le soutien aux partis populistes ne monte pas au-dessus de 20-30 %, tandis qu'en France les partis populistes non réformés réussissent à attirer plus de la moitié des électeurs. Comment donc expliquer cette exception française ? Une partie de la réponse est à trouver dans la crise morale profonde que traverse notre pays. Le monde a changé, et la France n'a pas suivi. Elle s'est assoupie dans les années 1990 en croyant être encore une puissance mondiale à elle seule, une autorité morale en Europe et au-delà, une nation sûre d'elle-même, de son histoire et de sa cohésion. Durant

1. Soit en cumulant les scores de Marine Le Pen, Éric Zemmour et Nicolas Dupont-Aignan à droite, et Jean-Luc Mélenchon, Philippe Poutou et Nathalie Arthaud. Les candidatures de Jean Lassalle et Fabien Roussel ne sont pas comptabilisées ici comme antisystème – en les incluant, le total des disrupteurs dépasserait les 60 %.

les quinze dernières années, la réalité s'est montrée bien moins tendre avec les Français : notre pays a certes de beaux restes, mais il n'est pas une superpuissance, et c'est aujourd'hui le cas même en Europe, la comparaison avec l'Allemagne, qui pouvait se faire autrefois sur un pied d'égalité, étant aujourd'hui clairement à l'avantage de nos voisins d'outre-Rhin. Ce déclin économique relatif a également affaibli la France dans le leadership politique de l'Europe auquel elle aspire, la rendant moins puissante que par le passé, notamment du fait des nombreuses erreurs diplomatiques qui ont isolé notre pays de l'Europe centrale et orientale dans les années 2000-2010[1]. Enfin, la réalité de l'archipélisation de la société française, bien loin de l'image assimilationniste que nous nous faisons de notre pays, combinée à la crise de sécurité que nous avons traversée dans les années 2010 (et dont le terrorisme n'est qu'une facette, on l'a d'ailleurs à nouveau vu lors des émeutes dans les banlieues durant l'été 2023) et les relents d'un passé colonial mal digéré ont là aussi mis au jour un malaise dont notre pays a encore du mal à se débarrasser, et ce même si l'économie française va mieux et que le chômage de masse semble destiné à devenir un lointain souvenir.

À cette crise morale, il faut ajouter le problème que pose notre régime institutionnel, qui a été pensé pour centraliser les pouvoirs et maximiser l'efficacité de l'action publique (ou tout du moins de la décision prise à Paris), mais s'est révélé beaucoup moins efficace qu'un régime parlementaire ouvert pour coopter les forces politiques rebelles. La IIIe République avait réussi à intégrer les différentes vagues de mécontentement qui se sont enracinées dans notre paysage politique,

1. Voir Thibault Muzergues, *Europe champ de bataille*, *op. cit.*

en incluant radicaux, socialistes et même dans une certaine mesure communistes à gauche, ainsi qu'une partie de la droite, en témoigne le parcours d'un François de La Rocque et de son Parti social français. À l'inverse, notre Ve République et son système majoritaire donnent quasiment tous les pouvoirs au vainqueur d'une seule élection, et ce encore plus depuis l'instauration du quinquennat, en 2000. Ce jeu politique à somme nulle empêche la cooptation progressive des disrupteurs : là où la République italienne, librement inspirée de notre ancien modèle parlementaire, permet de faire progressivement rentrer des forces contestataires dans le jeu en les insérant dans des postes à responsabilités à l'importance croissante (au prix, il est vrai, d'une instabilité gouvernementale et d'une certaine inefficacité de l'action publique), là où le régime parlementaire suédois permet de faire entrer dans une coalition une force contestataire qui souhaite s'insérer dans le jeu institutionnel sans prendre trop de risques, le régime français condamne les uns et les autres à une victoire ou à une défaite totale. Or, on l'a vu, le postpopulisme résulte d'une convergence entre des forces politiques modérées et une autre partie venue des franges plus extrêmes du système. Cet objectif est plus difficile à atteindre dans un système majoritaire qui privilégie la centralisation des pouvoirs : soit on gagne les élections et on est alors dans une situation de monarque absolu quoique élu, soit on les perd et on doit alors se terrer dans l'opposition. L'absence d'une majorité absolue à l'Assemblée nationale ne semble d'ailleurs pas avoir fait évoluer cette tendance, même s'il est vrai que les mentalités changent très souvent beaucoup plus lentement que les événements.

Enfin, et de manière peut-être plus inquiétante encore, le retard dans l'émergence du postpopulisme en France en 2022 est également le fruit de choix individuels de notre personnel politique. En faisant le tour des principaux candidats à la présidentielle, aucun n'a semblé en mesure de proposer un programme correspondant à un début de doctrine post-populiste. L'OPA réalisée (tardivement) par Jean-Luc Mélenchon sur la gauche française en 2022, et l'incapacité des troupes de la Nupes, y compris chez les plus modérés, à se débarrasser de leur étiquette populiste sont un véritable problème pour aller chercher des voix au centre dans un pays qui vieillit et qui se droitise. Symbole de cette dérive populiste de la gauche dans un contexte général qui tend au contraire à la normalisation, l'attitude délibérément obstructive et parfois outrancière du groupe des Insoumis à l'Assemblée nationale lors des débats sur la réforme des retraites pose la question d'une radicalisation de la gauche sous l'influence de Jean-Luc Mélenchon et de son équipe. Le leader des Insoumis peut-il, comme Meloni l'a fait à droite, revenir vers une attitude plus responsable qui, après lui avoir permis d'unir la gauche, lui donnerait les marges de manœuvre suffisantes pour ensuite la ramener vers une attitude plus respectueuse des institutions ? Cela semble difficile à l'heure actuelle, d'autant plus que la guerre à Gaza a grandement fragilisé l'union de la gauche, et mis à nu des divergences qui ne sont pas seulement liées au dogme socialiste, mais aussi à la gestion du groupe parlementaire par Mélenchon. Dès lors, peut-on imaginer qu'une nouvelle tête d'affiche émerge dans les prochaines années pour normaliser la gauche et l'amener à vouloir changer profondément le pays sans pour autant « bordéliser » sa vie politique, à l'instar d'un François Ruffin, qui s'est récemment présenté comme « social-démocrate[1] » ? Il y a là un vrai enjeu à la fois pour une renaissance de la gauche française et si l'on croit à l'idée d'un postpopulisme alternatif, qui n'a pas forcément vocation à être une capitulation aux valeurs de la droite.

La droite, justement, aurait pu voir une offre post-populiste émerger en son sein en 2022. Paradoxalement, Éric Zemmour, un candidat neuf qui se proposait initialement de révolutionner la politique française avec un positionnement clairement à droite (voire à l'extrême droite) sur les questions de société comme sur l'économie, aurait pu jouer ce rôle s'il était parvenu à se libérer de certaines lubies, dont son tropisme russe[2]. En partant d'une position extrémiste pour ensuite se recentrer et toucher un public plus large, Zemmour aurait pu présenter une trajectoire similaire à celle de Giorgia Meloni. Au lieu de cela, le candidat s'est vautré dans sa haine viscérale contre l'islam, qui a du coup masqué la question légitime qu'il posait (quoiqu'en termes souvent outranciers) sur l'intégration des musulmans dans la société française. Il n'a pas non plus voulu remettre en question sa fascination pour la Russie poutinienne et le mythe d'une France réactionnaire qui ne ferait pas partie de l'Occident ; pire, il a choisi de jouer dans la surenchère populiste et s'est complu dans ses propres préjudices personnels au lieu de répondre aux interrogations réelles des Français sur la crise morale du pays. Dans ces conditions, son score à la présidentielle et ses échecs aux législatives sonnent comme un désaveu des électeurs, qui auront du mal à effacer de leur mémoire cette image de candidat extrémiste là où ils auraient

1. https://www.nouvelobs.com/politique/20221109.OBS65720/francois-ruffin-je-suis-social-democrate.html

2. Voir Laure Mandeville, *op. cit.*

souhaité une candidature ferme dans ses convictions, mais pas forcément radicale.

Marine Le Pen, elle, a bien senti l'avènement d'un moment postpopuliste, et c'est pour cela qu'elle a tant travaillé à polir non seulement son image, mais aussi son comportement et celui de ses députés. Exit le radicalisme de 2017, la dirigeante du Rassemblement national a compris que l'heure n'était pas à la disruption mais à la responsabilité – en témoigne son attitude lors du débat de second tour avec Emmanuel Macron en 2022, bien loin de l'agressivité de 2017. Ses électeurs, fidélisés depuis deux élections présidentielles, lui en ont su gré, la menant une deuxième fois d'affilée au second tour de la présidentielle et faisant de son groupe parlementaire le troisième à l'Assemblée nationale, avec 89 députés, du jamais-vu sous la Ve République. Néanmoins, le projet de normalisation de Marine Le Pen et du Rassemblement national ne veut pas dire qu'ils aient forcément pris le chemin du postpopulisme : si le moment a bien été saisi, on a encore du mal à retrouver la doctrine postpopuliste dans le discours lepéniste, que ce soit sur le programme économique du RN, qui reste fermement ancré à gauche (et correspond d'ailleurs aux aspirations du cœur de son électorat ouvrier), ou encore sur son positionnement à l'égard de l'Europe et de la Russie, pour ne citer qu'eux. Ces deux éléments posent spécifiquement problème, dans la mesure où ils sont à bien des égards une marque de fabrique du « marinisme », et il serait difficile de les renier après en avoir fait un véritable fonds de commerce pendant quinze ans.

La politique est bien sûre faite de surprises, et les électeurs savent, lorsque cela est utile, perdre un peu de leur mémoire. On ne peut donc exclure que le RN puisse surmonter ces obstacles et se faire l'incarnation politique d'un postpopulisme de droite à la française, mais trois obstacles majeurs se dressent sur le chemin du parti : le nom auquel il est associé, qui renvoie malgré tous les efforts de Marine Le Pen à l'extrémisme du père dans l'inconscient collectif ; son positionnement international, fortement ancré dans les mythes eurasiatiques et l'obsession de la décadence de l'Occident ; sa base électorale, qui risque fort d'empêcher la mue d'un parti qui avait épousé le populisme vers une acceptation du libéralisme économique (voire dans certains cas politique), comme cela a pu être le cas en Italie avec l'Alleanza nazionale de Gianfranco Fini, puis avec Giorgia Meloni et Fratelli d'Italia. Surmonter ces obstacles sous-entendrait de passer la main à une personnalité qui ne puisse pas être associée par le grand public à la famille Le Pen, une tâche ardue quand on sait que le RN, tout comme le FN, est perçu tout autant comme un parti politique qu'une entreprise familiale[1].

L'extrême droite semblant difficilement prête à prendre le flambeau du postpopulisme, peut-on espérer que LR (Les Républicains) puisse se réinventer en parti postpopuliste comme semble le faire actuellement la CDU allemande, en épousant une position libérale sur la défense des libertés individuelles et sur le plan économique, un conservatisme assumé sur les questions de société et l'immigration, et un positionnement à la fois européen et relativement atlantiste ? En énumérant ces éléments de la doctrine postpopuliste, on peut voir combien les points communs sont nombreux, tout du moins sur le papier. Mais on peut aussi constater le fossé qui sépare le vieux parti de la droite républicaine d'un postpopulisme moderne, que ce soit sur ses prises

1. https://www.radiofrance.fr/franceculture/podcasts/l-atelier-du-pouvoir/le-front-national-une-histoire-de-famille-2332579

de position internationales (encore bien trop marquées par le soi-disant « néogaullisme ») ou sur l'économie, avec une approche dirigiste héritée de la fin de mandat de Nicolas Sarkozy. Si LR veut se faire le chantre d'un postpopulisme de droite, il faudra que le parti se réinvente et liquide l'héritage de l'expérience sarkozyste, qui a profondément marqué la mentalité de ses élites et a correspondu à la période de montée en puissance de la grande disruption. Le chemin à parcourir sera long et nécessitera probablement une réinvention large, mais elle peut être facilitée si la réforme du parti est menée par une personnalité capable d'incarner un renouveau à la fois politique et intellectuel du centre droit. Dans une famille politique fortement marquée par le bonapartisme (y compris dans sa version gaullienne), où le mythe du « leadership naturel » et du leader charismatique tient une place particulière dans l'esprit des électeurs comme des militants, cet élément sera essentiel dans une éventuelle reconstruction postpopuliste de centre droit.

Mais le charisme d'un homme (ou d'une femme) providentiel(le) ne saurait être suffisant pour construire un postpopulisme de droite ou de gauche. En effet, le principal obstacle à l'émergence d'un postpopulisme français vient en fait du centre, d'Emmanuel Macron et de son parti Renaissance. L'idée peut sembler paradoxale : elle insinue que le leader politique qui s'est le plus identifié à la lutte contre le populisme en France serait aujourd'hui la principale entrave à son dépassement. Pourtant, la proposition a du sens : nous l'avons vu, Emmanuel Macron est à certains égards lui aussi l'incarnation d'un certain type de populisme, marqué par une volonté de désintermédiation entre le peuple et le leader, ou encore la remise en cause des habitudes des vieilles élites d'État. Mais surtout, Emmanuel Macron a fait de la lutte contre les radicalismes de droite et de gauche son principal argument de campagne, et la raison d'être du mouvement politique créé pour le soutenir : c'est ce qui l'a mené, lors de la campagne du second tour de l'élection présidentielle de 2022, à appeler à une « mobilisation générale » contre tous les « extrémistes[1] ».

Il n'est bien entendu pas ici question de remettre en cause le noble objectif du président en campagne, mais plutôt sa stratégie pour y parvenir. Car celle-ci sous-tend la constitution d'un grand pôle centriste capable de faire face aux assauts des éléments les plus radicaux du paysage politique. Là aussi, noble cause, dont on a vu qu'elle avait fonctionné en 2017 comme en 2022. Mais ce faisant, elle crée aussi à la longue un gouffre entre un groupe politique censé incarner le centre – qui doit se réinventer à chaque polémique pour tenter de trouver un « juste milieu » dont la quête ressemble de plus en plus avec le temps à un numéro de funambule – et la réalité des attitudes personnelles d'électeurs qui continuent de s'identifier selon les vieux clivages droite-gauche. L'expérience centriste, si elle se prolonge, mène ainsi bien souvent au renforcement des extrêmes en coupant chaque camp de ses éléments modérés. Le politiste italien Marco Mensi l'a bien compris, et il nous rappelle que « huit années d'Obama aux USA nous ont "offert" Donald Trump ; cinq années de Renzi en Italie ont ouvert la voie à un gouvernement populiste Lega/Mouvement Cinq Étoiles, une issue prévisible même si les leaders du centre gauche italien ont en fait bien gouverné le pays[2] ».

1. https://www.lapresse.ca/international/europe/2022-04-02/premier-grand-rassemblement-de-campagne/macron-appelle-a-la-mobilisation-generale-contre-les-extremistes.php

2. Marco Mensi, *op. cit.*, p. 177.

Pourrait-on imaginer que dix ans de macronisme mènent à la victoire du populisme en 2027 ? L'hypothèse n'est pas à exclure, même si elle s'inscrirait, du point de vue actuel tout du moins, à contre-courant du phénomène que nous avons étudié dans ce livre. Pourrait-on d'ailleurs dire qu'en cas de victoire, et en considérant que sa trajectoire récente se perpétue dans les années à venir, une présidence de Marine Le Pen puisse être qualifiée de « populiste », voire de « disruptive » ? La question se posera bien entendu en 2027, mais l'incertitude qui l'entoure renvoie au principal défaut de notre régime politique, qui est de tenir d'éventuelles élites alternatives venues des marges complètement en dehors des cercles du pouvoir, rendant quasiment impossible leur intégration dans le mainstream politique… à moins que cette intégration ne se fasse qu'au niveau idéologique, sans changer le personnel politique : après tout, nombreux seront les lecteurs de gauche à qualifier les politiques d'immigration menées par Emmanuel Macron depuis 2017 comme plus proches de la gouvernance Sarkozy (voire pour certains du programme frontiste) que celles de François Hollande…

Une victoire populiste en France n'est pourtant pas une fatalité – d'abord parce que, si elle se confirme, la montée en puissance du postpopulisme pourrait naturellement repousser les populistes vers les marges du système politique, en France comme ailleurs en Europe. Deuxièmement, parce que malgré toutes les difficultés que notre pays traverse, sa situation économique s'améliore, tout du moins par rapport à celle de nos voisins : la France, qui se compare toujours à l'Allemagne, a peu de motifs de satisfaction à voir notre voisin en difficulté, mais la crise de long terme à laquelle Berlin doit faire face devrait rééquilibrer la relation (et la comparaison) sur le long terme, et ce d'autant plus qu'Emmanuel Macron a probablement fait le bon choix de miser sur une relation commerciale étroite avec l'Inde, qui devrait être le moteur de croissance mondiale dans la prochaine décennie alors que le marché chinois (dont l'ouverture a tant profité à Berlin) continue de se fermer. Socialement, la transition démographique couplée à l'effet des timides réformes imposées depuis vingt ans commence enfin à éloigner le spectre du chômage, et laisse entrevoir à terme le retour au plein-emploi dans l'Hexagone et donc des pressions pour des hausses de salaires chez les plus vulnérables, une arlésienne depuis le début des « trente piteuses » (qui en ont été plus de quarante). Enfin, le départ programmé d'Emmanuel Macron de la présidence de la République à l'horizon 2027, en raison d'une Constitution qui limite désormais le nombre de mandats à la magistrature suprême à deux, ouvre les perspectives d'un retour à un débat droite-gauche plus sain pour la démocratie française.

Le président est certes l'animal politique le plus doué de sa génération, mais force est de constater qu'à la longue son combat contre les extrêmes a favorisé le renforcement des populistes, qui n'ont pas eu de rivaux dans leurs familles politiques respectives. L'échec de l'enracinement d'En Marche (et, aujourd'hui, de Renaissance) dans notre paysage politique condamne probablement l'expérimentation macroniste d'un grand centre attrape-tout. Elle serait remplacée par une confrontation plus traditionnelle entre une droite et une gauche qui auront peut-être enfin à nouveau l'opportunité de se présenter comme des alternatives de gouvernement en 2027. Le macronisme aurait alors paradoxalement sauvé deux fois la France d'un naufrage populiste : en 2017, en émergeant, et en 2027, en disparaissant.

Conclusion

Vague de fond qui n'en finit pas de monter, le post-populisme semble être devenu le meilleur antidote que nous ayons essayé en Occident pour contrer la vague populiste. Antidote d'autant plus puissant qu'il est parfois administré par d'anciens leaders populistes, comme Giorgia Meloni, en Italie, ou Jimmie Åkesson, en Suède.

Comme ce livre a tenté de le démontrer, le post-populisme est d'abord un moment qui se définit principalement par rapport à ce qu'il suit. Le populisme lui-même a été un mouvement de fond dans la vie politique occidentale, et sa montée en puissance est étroitement liée à la grande disruption qui a suivi la crise financière de 2008. Une disruption qui a été le théâtre de l'émergence très rapide des réseaux sociaux, de la montée en puissance tout aussi rapide d'une nouvelle élite créative, de la paupérisation de la classe ouvrière et de la jeunesse diplômée, et plus généralement de l'archipélisation de nos sociétés, ou encore de la fin de l'hyperpuissance américaine qui a un temps fait penser à une désoccidentalisation rapide du monde. Tous ces mouvements ne datent pas de 2008, mais la crise financière et ses multiples avatars des années 2010 les ont accélérés pour créer le maelström de la grande disruption. Dernier ingrédient, la montée en puissance d'idées développées à la marge du monde intellectuel et politique occidental dans les années 1990 comme le souverainisme, l'anticapitalisme ou encore la théorie critique sociale de la race, qui ont elles-mêmes alimenté les politiques qui ont choisi de chevaucher la disruption.

Car le populisme des années 2010 n'est pas seulement un moment dans l'histoire de l'Occident, c'est aussi une doctrine qui épouse les contours de son époque, marquée par la disruption. Il n'est ni de droite, ni de gauche, ni du centre, mais cherche au contraire à brouiller les pistes, à dépasser les vieux clivages pour en créer un nouveau : le peuple contre les élites. Comme chez tous les autres populismes dans l'histoire, il s'agit de purger le pays de ses ennemis intérieurs et extérieurs, et en particulier d'une « caste » dépeinte comme parasitique, corrompue et déconnectée des réalités. Dans cette grande crise de la démocratie libérale, certains proposent, comme leurs aînés, de remplacer les processus fondés sur les corps intermédiaires par une relation directe, presque charnelle, avec le leader charismatique. D'autres militent pour une démocratie directe rendue possible par les réseaux sociaux : c'est le modèle de la plateforme Rousseau, expérimentée par les Casaleggio père et fils pour le Mouvement Cinq Étoiles ; ou de manière plus discrète celui de l'analyse fine des comportements individuels sur les moteurs de recherche et les réseaux sociaux rendant possible la manipulation des masses par le biais des algorithmes, une stratégie expérimentée par les « ingénieurs du chaos » de Cambridge Analytica, par exemple[1]. La doctrine

1. Voir Giuliano Da Empoli, *op. cit.*

populiste est donc bien plus large qu'elle n'apparaît au premier abord, puisqu'elle propose une vraie révolution politique qui s'appuie sur trois mouvements de fond : la rébellion des masses contre une démocratie libérale en crise, l'émergence d'un nouveau modèle économique et médiatique avec des réseaux sociaux qu'on peut facilement manipuler derrière l'anonymat des plateformes, et enfin l'évolution d'un système international qui semble indiquer le déclin terminal de l'Occident et la domination à venir de systèmes autoritaires comme celui de la Chine ou de la Russie.

Ces promesses des années 2010 vont se fracasser en 2020-2022 sur les réalités d'un nouveau monde qui émerge à la faveur de quatre événements fondamentaux : le coronavirus, l'assaut du 6 janvier 2021 sur le Capitole, le Brexit et l'invasion de l'Ukraine par Vladimir Poutine. Le coronavirus chamboule à peu près toutes les règles de la politique occidentale, en mettant sous cloche pendant plus d'un an toute une partie de la société occidentale : en fermant les frontières nationales et en ouvrant les vannes de la dépense publique, il donne une victoire aux populistes, et rappelle que de nombreux tabous du *statu quo ante* ont bel et bien été brisés grâce à la disruption ; ce faisant, les réactions politiques à la crise de la Covid enlèvent une raison d'être fondamentale du populisme. De plus, en enfermant les familles chez elles pour une longue durée, le coronavirus provoque une lassitude qui pénalise les populistes ; en instaurant des nouvelles pratiques de suivi, il montre que les réseaux sociaux et les nouvelles technologies ne sont pas seulement un instrument de révolte au service des disrupteurs, mais aussi un moyen de contrôle des populations. Enfin, l'origine opaque du virus en Chine casse l'image neutre ou bienveillante que la République populaire avait acquise à la suite de la crise de 2008.

Quelques mois après le début de la crise Covid, la défaite de Donald Trump sonne le début de la retraite pour les populistes, dont une partie de la population a déjà commencé à se lasser. Pire, les événements du 6 janvier 2021 montrent à quel point le populisme peut être dangereux pour la démocratie, un système cher aux Occidentaux, même s'ils restent insatisfaits de la différence entre l'idéal démocratique et ses résultats concrets. Les effets pervers du populisme sont également visibles dès la fin de l'année 2021, alors que le Brexit continue de consumer la classe politique britannique sans obtenir les miraculeux résultats escomptés, mis à part la distribution rapide de vaccins au début de l'année 2021, vite rattrapée par l'Union européenne. C'est un Royaume-Uni en crise qui présente un contre-modèle à l'utopie envisagée par les populistes, affaiblissant ainsi leur discours auprès d'un large public.

Dernière vitrine du populisme, la Russie de Vladimir Poutine a également vu sa position grandement affaiblie avec la guerre qu'elle a lancée contre l'Ukraine, le 24 février 2022. Le maître du Kremlin avait construit son image d'homme fort, joueur d'échecs prenant ses décisions à froid sans jamais manquer ses coups. Les événements qui ont suivi l'invasion les ont montrés, lui et son pays, pour ce qu'ils sont : Poutine n'est en fait pas un joueur d'échecs, mais un parieur convulsif qui continue de jouer après avoir perdu dans l'espoir de retrouver sa veine. De son côté, la Russie est apparue au monde telle qu'elle est en réalité : un pays violent, gangrené par la corruption, arriéré socialement (sauf peut-être dans ses deux grandes villes, Moscou et Saint-Pétersbourg) et économiquement dépendant de ses exportations de matières premières, avec enfin une armée minée par des problèmes de commandement et des rivalités de personnes qui ont éclaté au grand jour à l'été 2023 avec la mutinerie de Wagner. Bref, Poutine a bien donné raison à Helmut Schmidt, qui dans les années 1980 qualifiait la Russie, alors soviétique, de « Haute-Volta avec des missiles nucléaires ». Le modèle tant vanté par les populistes qui se pressaient quelques années auparavant pour être reçus au Kremlin s'est effondré comme un château de cartes, tant la propagande s'est révélée être loin des réalités, avant même que la guerre se termine.

C'est dans ce contexte où se mêlent non seulement les vraies victoires de fond du populisme, qui a effectivement remis en question toute une série de dogmes hérités du libéralisme triomphant des années 1990, mais aussi ses échecs indéniables qu'émerge le postpopulisme. Porté à droite par des formations venant des marges comme Fratelli d'Italia ou les Démocrates de Suède, mais aussi par d'autres partis issus du centre droit comme l'ODS tchèque ou la CDU allemande, le postpopulisme est d'abord un moment, qui répond à l'essoufflement du populisme. Il se propose de tirer les leçons de la crise populiste des années 2010 en développant un programme précis, qui se caractérise par un libéralisme économique au niveau national tranchant avec l'étatisme populiste, la défense parfois extrême des libertés individuelles (et non collectives), un protectionnisme assumé, un conservatisme sociétal et une grande fermeté contre l'immigration, mais aussi un soutien fort à l'Alliance atlantique, et plus conditionnel à l'Union européenne. À gauche, la doctrine postpopuliste est encore en pleine gestation, et il n'est pas impossible qu'elle suive une trajectoire définie par la gauche nordique ou anglo-saxonne centriste, qui devrait faire la part belle à nombre de dogmes du postpopulisme de droite (acceptation de la lutte contre l'immigration, protectionnisme, libéralisme économique tempéré). À moins qu'elle se définisse plus à gauche, suivant un modèle plus marqué par les luttes des Indignés, comme le nouveau Parti démocrate italien, aujourd'hui incarné par Elly Schlein.

Beaucoup dans la doctrine postpopuliste reste encore à définir, et l'année 2024 sera un grand test à l'échelle de l'Occident, avec les élections européennes du mois de mai et la présidentielle américaine de novembre – deux élections elles-mêmes suivies d'une élection clé en Grande-Bretagne (fin 2024-début 2025). D'ici là, un postpopulisme à la française aura peut-être commencé à émerger, à temps pour le prochain cycle électoral national de 2027. Quoi qu'il en soit, l'année 2024 et ses élections des deux côtés de l'Atlantique devraient définir le destin du postpopulisme, qui reste aujourd'hui encore en compétition avec le populisme dans la plupart des électorats occidentaux. Avec le recul, on retiendra peut-être 2024 comme l'année qui a vu une renaissance inattendue du mouvement populiste, ou comme celle de sa mort, tout du moins jusqu'à sa renaissance sous une autre forme lors de la prochaine disruption politique.

Cette incertitude est certes un facteur de tension dans nos sociétés comme dans notre classe politique, elle est pourtant une réalité pour toutes les époques, y compris notre âge postmoderne – son retour à bien des niveaux nous rappelle d'ailleurs à quel point nous avons été naïfs, et même arrogants, d'avoir cru que la fin de l'histoire nous avait libérés du poids des choix politiques cornéliens. Comme le rappelle l'ancien Premier ministre canadien Stephen Harper dans son dernier livre, l'une des raisons de la grande disruption de l'après-2008 est justement que nous avons cru pouvoir mettre la politique sous pilote automatique, et les événements depuis nous ont montré à quel point cela avait été une erreur de notre part[1]. Il est à espérer que nous ne la reproduirons pas après 2024, quel que soit le résultat des prochaines échéances.

« La révolution, comme la réforme, commence par une utopie, mais finit en orthodoxie[2]. » Cette citation d'Eugen Weber a constitué le fil rouge de ce livre, et elle sied bien à la transition vers le postpopulisme. Mais la nouvelle orthodoxie reste aujourd'hui à définir. Elle pourrait se former autour d'un nouveau consensus, où de nouveaux tabous remplaceraient les anciens sur des thèmes comme l'immigration, le rôle de l'État dans l'économie, la protection des industries stratégiques ou encore la question sociale. Celle-ci prendrait alors la place du fameux « consensus de Washington », qui avait été remis en cause de manière si virulente par la grande disruption de l'après-2008. On retournerait alors à une sorte de *statu quo ante*, où certaines lignes auraient bougé, mais où les élites seraient en accord sur un très grand nombre de sujets, ne laissant que peu de place pour des débats de fond. D'une certaine manière, une telle fin rendrait raison à Tancrède Falconeri, le jeune aristocrate du *Guépard*, le fameux roman de Giuseppe Tomasi Di Lampedusa devenu film à succès. Sa célèbre phrase, « Il faut que tout change pour que tout reste comme avant », est entrée dans le vocabulaire politique des Italiens, qui donnent d'ailleurs le nom de *gattopardesco* (« guépardesque ») aux situations dans lesquelles les élites parviennent à une réforme suffisamment limitée pour qu'elle préserve l'ensemble de leurs prérogatives. Et d'une certaine manière, les élites

1. Stephen Harper, *Right Here Right Now*, *op. cit.*
2. Eugen Weber, *op. cit.*, p. 114.

occidentales auraient par un nouveau consensus réussi ce tour de force de changer de paradigme tout en conservant l'essentiel de leur situation.

Une autre possibilité est de voir au contraire que, au-delà d'un consensus minimal sur la démocratie et quelques autres questions bipartisanes, la nouvelle ère qui s'ouvre serait définie par une polarisation beaucoup plus intense, tout du moins sur certains sujets de société. Cela n'est pas impossible, et on peut même considérer que l'archipélisation de nos sociétés rend ce scénario probable, voire inévitable. Il s'accorderait avec la réémergence des concepts de droite et de gauche, qui avaient disparu pendant la grande disruption populiste[1] et qu'on revoit poindre dans le contexte postpopuliste non seulement en Italie, mais plus largement en Europe et aux États-Unis, où le combat culturel entre conservateurs et progressistes a en fait remplacé celui sur la politique économique.

Bien sûr, cette droite et cette gauche ne sont pas les mêmes qu'avant 2008 : elles ont changé, mais cela n'a rien d'exceptionnel sur le long terme – sinon, nos politiques seraient encore aujourd'hui en train de débattre de la nature du droit de veto royal dans notre Constitution, source de la distinction entre la gauche et la droite au début de la Révolution française. Comme le rappelle l'historien Gilles Richard, « Droite et gauche ne sont pas des entités éternelles et immuables mais se sont transformées au fil du temps », et cette transformation se fait au gré des événements mais aussi des courants de pensée dominants, car « “la” droite est en réalité plurielle – tout comme “la” gauche, cela bien avant que Lionel Jospin l'ait ainsi nommée en 1997[2] ».

1. Voir Thibault Muzergues, *La Quadrature des classes*, *op. cit.*
2. Gilles Richard, *op. cit.*, p. 19.

Le retour d'un clivage droite-gauche, loin d'être une anomalie, vient plutôt mettre fin à une période d'incertitudes et de fluidité extrême, où l'ensemble des pistes avait été brouillé.

Certains pourront regretter ce retour de clivages profonds et clairement définis dans notre vie politique. Il est vrai que la France en tant qu'État exècre les divisions. Mais il ne faudrait pas pour autant rejeter toute polarisation : celle-ci signale aussi la présence de désaccords sur la place publique, de divisions sociétales qu'il est parfois bon d'étaler au grand jour, ne serait-ce que pour que tous puissent en avoir conscience. C'est là l'une des leçons du populisme, qui a rendu une certaine visibilité à des classes sociales qui, d'abord délaissées par les autorités, étaient justement devenues invisibles : ouvriers de la France périphérique, *millenials* surdiplômés se battant pour des *bullshit jobs* sans finalité immédiate, etc. Un trop grand consensus entre élites peut parfois faire du mal à nos sociétés, en ossifiant des tabous qui n'ont pas lieu d'être ou en provoquant de sourdes rancœurs qui, un jour ou l'autre, éclatent, menaçant l'ensemble des institutions. Par ailleurs, les deux grandes expériences italiennes d'un consensus politique large de long terme, le transformisme du début du XXe siècle et la démocratie chrétienne de la guerre froide, ont montré les limites d'un vaste centre marginalisant les autres mouvements : stagnation, clientélisme, favoritisme et gaspillage des deniers publics sont souvent le prix à payer d'un consensus public trop élevé, et le régime soutenant ce consensus disparaît rarement pour un meilleur système, tout du moins dans l'immédiat : au transformisme succéda le fascisme, à la démocratie chrétienne le berlusconisme. Dans les deux cas, il est difficile de parler de progrès.

Revenir à un consensus maximal ne serait donc pas forcément une bonne chose, ni pour le débat public ni pour nos sociétés occidentales. Ces dernières sont aujourd'hui bien trop diverses pour être absolument consensuelles, et il est bon que ces divergences puissent s'articuler dans le cadre organisé de nos démocraties représentatives, de préférence avec des partis politiques pour mieux structurer le débat. Ce débat doit s'organiser autour d'oppositions, parfois de façade, parfois de principe, pour soutenir la démocratie, qui fait la grandeur de notre modèle de société. Maintenant que le thème de l'Occident est redevenu politiquement correct et acceptable dans la conversation publique, il est bon de rappeler ces mots du politologue américain Michael Kimmage. Selon lui, notre modèle de civilisation puise sa force « dans les débats incessants sur son passé, sa nature, sur son sens, mais aussi sur son avenir[1] ». En d'autres termes, nous ne devons pas craindre le débat ou les désaccords, nous devons au contraire les accepter, ce qui sous-entend que nous retrouvions une valeur que nous avons perdue dans le débat public : la tolérance.

Tolérance ne veut pas dire acceptation : dans un débat politique, théologique ou autre, elle consiste à accepter que l'autre puisse avoir un point de vue différent du sien, à accepter que celui-ci existe et continuera d'exister, et tâcher de vivre avec l'autre *malgré* ce qu'on considère comme une erreur fondamentale. Dans un passé récent, nous avons justement fait preuve de peu de tolérance à l'égard de ceux qui exprimaient des idées divergentes, dont certaines sont aujourd'hui passées dans le mainstream, sur l'immigration comme sur les inégalités. Ostraciser des opinions dissidentes (et

1. Michael Kimmage, *op. cit.*, p. 14.

les gens qui les expriment) n'a alors fait qu'alimenter la machine du populisme, en rapprochant conservateurs et socialistes modérés de mouvements politiques autrement plus dangereux.

L'intolérance, qu'elle soit religieuse, raciale ou intellectuelle, est une plaie pour nos sociétés, même (et peut-être surtout) lorsqu'elle s'organise au nom d'un idéal plus grand. C'est là une dangereuse attitude qui mène souvent au totalitarisme, et inévitablement à de grands malheurs pour l'Occident. Il s'agit peut-être du plus grand enseignement que le populisme ait pu nous donner cette dernière décennie. Alors que nous cherchons à le dépasser, tâchons au moins de retenir cette leçon.

Remerciements

Plusieurs personnes ont participé à leur manière à la conception et à la sortie de cet ouvrage, et je voudrais les remercier, en commençant bien sûr par les Éditions de l'Observatoire, pour leur confiance dans ce projet, avec une reconnaissance particulière envers Muriel Beyer et Séverine Courtaud, pour leur intérêt à l'égard du concept du postpopulisme bien sûr, mais également pour leurs conseils en vue de fluidifier le texte. Le lecteur leur doit beaucoup.

Il doit également une fière chandelle à Pierre Auriacombe, Alexandre Vulic, Pierre Prévot Leygonie et mon père, Georges Muzergues, qui ont relu les premières versions du livre et m'ont aidé à l'améliorer, si besoin en simplifiant le texte et le raisonnement. Se sont joints à eux d'autres membres de ma famille, Benjamin, Chantal et mon épouse, Alisa, lesquels ont tous activement contribué à la recherche d'un titre pertinent.

Je souhaite aussi remercier Isabelle Lasserre, qui a tout de suite « accroché » au concept du postpopulisme et m'a encouragé à transformer une idée au départ promise à un simple éditorial en un livre un peu plus argumenté.

Enfin, je me dois de remercier certains des acteurs postpopulistes qui ont été au centre de cette histoire, et que j'ai pu côtoyer ces dernières années. Les nombreuses conversations que j'ai pu avoir avec eux (et dont je regrette parfois de ne pas avoir pu les enregistrer !) sont au cœur du processus qui a permis d'accoucher du livre, et je voudrais les remercier même s'ils ne peuvent pas tous être cités, et notamment Adolfo Urso, Lucio Malan et Giulio Terzi Di Sant'Agata, en Italie ; Mattias Karlsson, Tobias Andersson et Arvid Hallén, en Suède ; Christian Kattner, en Allemagne ; Siim Kiisler, en Estonie ; Mantas Adomenas, en Lituanie. Ce sont nos échanges qui ont fait émerger ce concept de postpopulisme, dont je ne suis qu'un narrateur, tandis qu'ils en sont, eux, les acteurs.

Table

Introduction 7

Chapitre 1. Populisme ou disruption ? Retour sur la genèse du populisme 13

Une doctrine inclassable ? 14

Populisme ou disruption politique ? 24

La disruption politique dans l'histoire 29

La Réforme, un exemple parfait de disruption 32

Disruptions du XXe siècle 35

Le populisme comme disruption politique ... 38

Réseaux sociaux : le double effet Facebook ... 41

Société : du monopole bobo à la quadrature des classes 44

Une disruption mondiale : la fin de l'hyperpuissance américaine (et occidentale) ... 47

La fin de l'Occident, obsession populiste 50

Chapitre 2. La grande disruption : retour sur une décennie d'expérimentation populiste 55

2010-2015 : montée en puissance et premiers succès 56

La proposition populiste 64
Du populisme spectacle au populisme intellectuel 65
Populisme et démocratie 67
La démocratie, vraiment (?) 70
Populisme de combat, populisme d'État 73
2015-2019 : l'explosion populiste 75
L'establishment face aux populistes : stratégies de gestion de la disruption 90
Le cordon sanitaire 91
La main tendue 92
Le drapeau blanc 95
L'étreinte 99
Le « populisme décent », victoire des populistes ? 101

Chapitre 3. Le tournant 2020-2022 107
Une pandémie pour changer la donne 108
Du Capitole à Brasília, le côté obscur du populisme 118
Un Brexit au goût amer 126
La guerre en Ukraine et la fin des illusions russes 131

Chapitre 4. L'émergence du postpopulisme 145
Le moment postpopuliste : défaite, contre-révolution et nouveaux départs 146
Italie : retour de l'ordre ou contre-révolution ?... 148
États-Unis : de l'idéal de la contre-terreur aux réalités de la normalisation 151
Postpopulisme de droite… 154
Le phénomène Meloni 154
La Suède, l'autre pays du postpopulisme 162

... et postpopulisme de centre droit 166
Bavière et Berlin, populisme décent et postpopulisme 168
Postpopulisme à la lituanienne : quand les libéraux construisent des murs 172
... vers une doctrine postpopuliste de droite 175
Convergences économiques 177
Un conservatisme social marqué 179
L'immigration, ou la grande victoire de la disruption 182
Un retour des frontières, mais pas entre Européens 183
Affaires étrangères : le grand virage atlantiste... 185
Vers un postpopulisme de gauche ? 187
Le wokisme, une disruption élitiste 194

Chapitre 5. Le postpopulisme a-t-il un avenir ?.... 199
La fin du populisme ? 202
Un populisme encore populaire 202
Une cohabitation inévitable à court terme 208
2024 : année décisive en Europe... 211
... et dans le monde anglo-saxon 218
À quand un postpopulisme français ? 226

Conclusion 239

Remerciements 251

Composition et mise en pages
Nord Compo à Villeneuve-d'Ascq

CET OUVRAGE
A ÉTÉ ACHEVÉ D'IMPRIMER
SUR ROTO-PAGE
PAR L'IMPRIMERIE FLOCH À MAYENNE
EN JANVIER 2024

N° d'impression : 103989
Imprimé en France